Ulrich Rösch / Richard Steel (Hg.)

«Das tun, was noch nicht da war!»

«Das tun, was noch nicht da war!»

«We create the social conditions!»

Ein Lesebuch zu Rudolf Steiners Sozialem Hauptgesetz

Mit einem Geleitwort von Paul Mackay
für die Sektion für Sozialwissenschaften am Goetheanum

herausgegeben von Ulrich Rösch und Richard Steel

mit Beiträgen von
Georg von Arnim, Wilhelm Ernst Barkhoff, Michaela Glöckler,
Karl König, Christoph Andreas Lindenberg, Michael Luxford,
Hans Müller-Wiedemann, Ulrich Rösch, Richard Steel
und Rudolf Steiner

Verlag am Goetheanum

Wesentlich erweiterte Fassung des Manuskriptdrucks der Beiträge zur Camphill-Konferenz 1992 in der Heimsonderschule Föhrenbühl

Der Verlag am Goetheanum im Internet: www.VamG.ch

Einbandgestaltung von Gabriela de Carvalho
Im Hintergrund: Erstveröffentlichung des Sozialen Hauptgesetzes in der Zeitschrift *Lucifer Gnosis* (1906)

Satz: Höpcke
Druck und Bindung: Freiburger Graphische Betriebe

ISBN 978-3-7235-1281-4

Das Heil einer Gesamtheit von zusammenarbeitenden Menschen ist um so größer, je weniger der einzelne die Erträgnisse seiner Leistungen für sich beansprucht, das heißt, je mehr er von diesen Erträgnissen an seine Mitarbeiter abgibt, und je mehr seine eigenen Bedürfnisse nicht aus seinen Leistungen, sondern aus den Leistungen der anderen befriedigt werden.

Rudolf Steiner

Inhalt

Zum Geleit

Das naturwissenschaftliche Denken, das mit der Aufklärung in Europa nach dem Mittelalter entstanden ist, hat zur Folge gehabt, dass die Wirtschaft arbeitsteilig wurde. Die rationelle Dimension der Arbeitsteilung wurde voll erkannt. Arbeit wurde geteilt, so dass eine effektivere Produktionsweise entstehen konnte. Da, wo möglich, wurde menschliche Arbeit ersetzt durch Maschinenarbeit. Menschliche Arbeit wurde und wird immer mehr durch Maschinenleistung um ein Vielfaches übertroffen und dadurch in der Produktion zunehmend überflüssig. Gleichzeitig wächst die Produktionskapazität.

Hier beginnt das Problem der Arbeitslosigkeit. Um ihre sozialen Auswirkungen aufzufangen, wurden im 20. Jahrhundert in Europa Sozialsysteme geschaffen. Diese Systeme bauen aber auf dem Versicherungsgedanken auf, d. h., derjenige, der ein arbeitsabhängiges Einkommen hat, bezahlt vorsorglich eine Prämie für den Fall, dass er arbeitsunfähig oder arbeitslos wird. Dies bedeutet, dass der Faktor Arbeit belastet wird und somit so genannte Lohnzusatz- oder Lohnnebenkosten entstehen. Dadurch wird der Faktor Arbeit teurer, wodurch im Wirtschaftssystem noch mehr Druck entsteht, diesen Faktor zu ersetzen durch den Faktor Kapital, d. h. durch Maschinen. So entsteht ein Teufelskreis, der nicht mehr aufzuhalten ist. Das einzige, was Abhilfe schaffen kann, ist, das System neu zu denken.

Vor diesem Hintergrund ist das Soziale Hauptgesetz Rudolf Steiners, das er 1906 formuliert hat, hochaktuell. In dem Sozialen Hauptgesetz werden die Konsequenzen der heutigen arbeitsteiligen Wirtschaft aufgezeigt. Arbeitsteilung heißt, dass die Wirtschaft nicht mehr auf Selbstversorgung, sondern auf Weltversorgung beruht. Die Konsequenz ist, dass die eigenen Bedürfnisse nicht aus den eigenen Leistungen, sondern aus den Leistungen der anderen befriedigt werden. Arbeitsteilung heißt, für die Mitmenschen zu arbeiten. Dieses kann sich nur dann sinnvoll vollziehen, wenn dieses Arbeiten unabhängig von dem Einkommen, das man zum Leben braucht, verrichtet werden kann. Die Motivation für die Arbeit ist nicht mehr das zu erzielende Einkommen, sondern liegt in der Hinwendung zu der zu leistenden Arbeit für die Mitmenschen.

Vor Studenten der Nationalökonomie drückt Rudolf Steiner dies so aus: «Je weiter die Arbeitsteilung vorrückt, desto mehr muss das kommen, dass immer einer für die anderen arbeitet, für die unbestimmte Sozietät arbeitet, niemals für sich. Das heißt aber mit anderen Worten: Indem die moderne Arbeitsteilung heraufgekommen ist, ist die Volkswirtschaft in Bezug auf das Wirtschaften darauf angewiesen, den Egoismus mit Stumpf und Stiel auszurotten. Bitte, verstehen Sie das nicht ethisch, sondern rein wirtschaftlich! Wirtschaftlich ist der Egoismus unmöglich. Man kann nichts für sich mehr tun, je mehr die Arbeitsteilung vorschreitet, sondern man muss alles für die anderen tun.

Im Grunde genommen ist durch die äußeren Verhältnisse der Altruismus als Forderung schneller auf wirtschaftlichem Gebiet aufgetreten, als er auf religiös-ethischem Gebiet begriffen worden ist. Dafür gibt es eine leicht erhaschbare historische Tatsache.

Das Wort Egoismus, das werden Sie als ein ziemlich altes finden, wenn auch vielleicht nicht in der heutigen schroffen Bedeutung, aber Sie werden es als ein ziemlich altes finden. Das Gegenteil davon, das Wort Altruismus, das Denken an den anderen, ist eigentlich kaum hundert Jahre alt, ist erst sehr spät als Wort erfunden worden, und wir können daher sagen – wir wollen uns nicht auf diese Äußerlichkeit zu stark stützen, aber eine historische Betrachtung würde das zeigen –: Die ethische Betrachtung war noch lange nicht zu einer vollen Würdigung des Altruismus gekommen, da war schon die volkswirtschaftliche Würdigung des Altruismus durch die Arbeitsteilung da. – Und betrachten wir jetzt die Forderung des Altruismus als volkswirtschaftliche, dann haben wir das, ich möchte sagen, was weiter daraus folgt, unmittelbar: Wir müssen den Weg finden in das moderne Volkswirtschaften, wie kein Mensch für sich selber zu sorgen hat, sondern nur für die anderen, und wie auf diese Weise auch am besten für jeden einzelnen gesorgt ist. Das könnte als ein Idealismus genommen werden; aber ich mache Sie noch einmal darauf aufmerksam: ich spreche in diesem Vortrag weder idealistisch noch ethisch, sondern volkswirtschaftlich. Und das, was ich jetzt gesagt habe, ist einfach volkswirtschaftlich gemeint. Nicht ein Gott, nicht ein sittliches Gesetz, nicht ein Instinkt fordert im modernen wirtschaftlichen Leben den Altruismus im Arbeiten, im Erzeugen der Güter, sondern einfach die moderne Arbeitsteilung. Also eine ganz volkswirtschaftliche Kategorie fordert das.

Das ist ungefähr, was ich dazumal in jenem Aufsatz habe darstellen wollen: Dass unsere Volkswirtschaft mehr fordert von uns, als wir in der neuesten Zeit ethisch-religiös leisten können.»[1]

Rudolf Steiner weist hin auf den Aufsatz, in dem er das Soziale Hauptgesetz formuliert hat: «Das Heil einer Gesamtheit von zusammenarbeitenden Menschen ist umso größer, je weniger der einzelne die Erträgnisse seiner Leistungen für sich beansprucht, das heißt, je mehr er von diesen Erträgnissen an seine Mitarbeiter abgibt, und je mehr seine eigenen Bedürfnisse nicht aus seinen Leistungen, sondern aus den Leistungen der anderen befriedigt werden.»[2]

Dieses Soziale Hauptgesetz liegt der modernen arbeitsteiligen Weltwirtschaft zugrunde, und es ist eine große Herausforderung, die Wirtschaft in Übereinstimmung mit diesem Gesetz zu gestalten. Wir sind durch die Arbeitsteilung auf Weltversorgung angewiesen. Es gilt heute, neben dem rationalen Aspekt der Arbeitsteilung, die mehr Effizienz zur Folge hat, nun auch den sozialen Aspekt der Arbeitsteilung, des füreinander Tätigseins, zu verwirklichen. Diese soziale Dimension kann erst richtig zur Entfaltung kommen, wenn erkannt wird, dass der Antrieb zur Arbeit nicht in dem zu erzielenden Einkommen, sondern in der Hinwendung zu der zu leistenden Arbeit für die Mitmenschen liegt. Das heißt, dass das Einkommen unabhängig von der zu leistenden Arbeit betrachtet werden sollte. Das Einkommen ist nicht arbeitsabhängig, sondern eine Voraussetzung dafür, dass Arbeit geleistet werden kann.

Gleichzeitig ist zu bedenken, dass eine Hinwendung zu einer zu leistenden Arbeit nur aus Einsicht stattfinden kann. Der Mensch, der eine Arbeit leistet, soll in der Lage sein, von sich aus die Motivation zu finden, die ihn zu dieser Arbeit führt. Im Zeitalter der Individualisierung entspricht dies seiner Menschenwürde. Eine weisungsgebundene Arbeit soll abgelöst werden durch eine Arbeit, die auf gegenseitigen Verabredungen beruht. Damit eine wirkliche Gegenseitigkeit zustande kommen kann, sollten Arbeit und Einkommen unabhängig voneinander sein.

In diesem Buch werden Gedanken und Erfahrungen im Umgang mit dem Sozialen Hauptgesetz Rudolf Steiners dargestellt. Insbesondere die Camphill-Bewegung hat in ihrer Praxis mit dem Sozialen Hauptgesetz als «Gestaltungsprinzip» ernst gemacht. Dadurch konnte diese Gesetzmäßigkeit am Leben geprüft werden. Die Ergebnisse diesbezüglich finden Sie in diesem Buch. An dieser Stelle möchte ich den Freunden der Camphill-Bewegung meinen Respekt bezeugen für die unermüdliche, forschende Haltung, aus der heraus sie ihre Arbeit gestalten. Diese praxisbezogene Forschung bildet eine wichtige Grundlage für die Sektion für Sozialwissenschaften. Forschung im Sozialen heißt: sozial tätig werden mit einer inneren Haltung der Wahrhaftigkeit und der Unbefangenheit.

Dieses Vorwort möchte ich abschließen mit einem herzlichen Dank an Richard Steel und Ulrich Rösch, die die Beiträge dieses Buches zusammengetragen und die Herausgabe besorgt haben.

Möge der Inhalt des Buches dem Leser helfen, sich vertraut zu machen mit dem Sozialen Hauptgesetz Rudolf Steiners.

Dornach, 24. Juni 2006

Paul Mackay
Sektion für Sozialwissenschaften
am Goetheanum

Vorwort

In meines Wesens Tiefen spricht
Zur Offenbarung drängend
Geheimnisvoll das Weltenwort:
Erfülle deiner Arbeit Ziele
Mit meinem Geisteslichte
Zu opfern dich durch mich.

Anthroposophischer Seelenkalender
8. bis 14. Dezember, in der Adventszeit

Warum sollte man heute ein Patchwork von Arbeiten über das «Soziale Hauptgesetz» herausgeben – zweisprachig, aus verschiedenen Zeiten? Dabei handelt es sich bei dem 100-jährigen Bestehen von Rudolf Steiners Äußerungen zu dieser Frage und der Formulierung dieses Gesetzes immer noch um eine Herausforderung, um eine Zukunftsaufgabe! Es ist nachvollziehbar, wie Steiner selbst über das Desinteresse in seinem Umkreis und in der Öffentlichkeit enttäuscht sein musste, hatte er doch begonnen, einen konkreten Ansatz zu zeigen, wie die moderne Geisteswissenschaft – das Initiationsprinzip – sozialverändernd und -heilend in die Tat umgesetzt werden könnte. So setzte er seine Aufsätze «Geisteswissenschaft und Soziale Frage» nicht fort, ließ das Thema zunächst ruhen, um es später, als Fragen wieder wach wurden, nochmals von einer anderen Sicht her aufzugreifen.

Während dieser hundert Jahre hat eine Umwälzung nach der anderen die Menschheit erschüttert – Umwälzungen, die immer auch Weckrufe waren. Heute – in der Zeit des Postwohlstands; in der Zeit des Verblassens der sozialen Hoffnungen der Nachkriegszeit; in der Zeit, da die «68er» beginnen, über ihr Leben nachzusinnen – heute könnte das Wort zum dritten Mal erklingen: «Es ist an der Zeit!» – Die äußeren Umstände selbst rufen nach neuen Wegen: Die Diskussion über das Grundgehalt findet statt; Alternativ- und Regionalwährungen sind überall entstanden; Fair Trade, Solidarität und direkte Entwicklungshilfe zeigen Ausdruck des sozialen Gewissens.

Die hier gesammelten Beiträge möchten einen Weg der Forschung, einen Weg des inneren Ringens aufzeigen, in der Hoffnung, dass er fortgesetzt und fruchtbar gemacht werden kann. Sie wollen Arbeitspapiere im besten Sinne sein.

Mit der Gründung der Camphill-Bewegung hat Karl König einen tief in seinem Wesen gegründeten Impuls ins soziale Leben hinein gestellt[1] zu einer Zeit, da die dunkelste menschen- und menschheitsverachtende Unkultur allen fortschrittlichen geistigen Impulsen ein Ende zu setzen drohte. Für manche war es eine – nicht nur persönliche – Existenzfrage, ob die innersten Anliegen der Anthroposophie wie in einem Samenkorn gepflegt und gestählt werden könnten, um in Zukunftszeiten ein neues Mitteleuropa bauen zu können, das die Menschheitsbrücke zwischen Ost und West, zwischen hüben und drüben sozial möglich macht.[2] Diese Menschheitsaufgabe in aller Bescheidenheit und Ehrlichkeit im Alltag immer mehr zu realisieren und konkret zu erstreben – das war zutiefst Karl Königs Herzensanliegen. Und in diesem zwischenmenschlichen Versuchsfeld, im Exil, entstanden viele Erlebnisse und Erfahrungen für die begeisterte junge Pioniergruppe, die erst viel später, als es wieder möglich wurde an Bücher und Archive heran zu kommen, den Zusammenhang mit den frühen Äußerungen Rudolf Steiners zum «Sozialen Hauptgesetz» deutlich machten: «Heilig ist die Arbeit, weil sie ein Opfer ist für die Menschheit.»[3]

So fanden immer bewusster die Versuche statt, mit diesen Aussagen umzugehen und sie umzusetzen in die Gestaltung heilender Gemeinschaften. Die Verbindung mit dem Wesen Mitteleuropas war ihnen von vornherein deutlich; die Bedeutung der Heilpädagogik und somit der betreuenden Menschen und der Schaffung einer im holistischen Sinne heilenden Gesamtumgebung, vor allem der sozialen; dies kam im Laufe der Zeit immer mehr in den Vordergrund. Die Frage der Mission der Menschen mit Behinderung in der modernen Gesellschaft führte direkten Weges zu einer Begegnung mit der Individualität Kaspar Hausers. Der Kreis schließt sich also: Seit dem 19. Jahrhundert stand die Aufgabe an, das Praktische des sozialen Alltagslebens wieder an eine höhere, geistige Wirklichkeit anzuschließen. Letztlich verquickt sich damit die Frage nach der Mission, nach dem Schicksal des Menschen überhaupt. Wird der

Mensch der Neuzeit einen Weg finden, das wirkliche eigene Schicksal aufzugreifen? Haben wir im Sozialen eine Verantwortung für die Schicksalsfindung unserer Brüder?

«Heilig ist die Arbeit» … aber wenn sie bezahlt wird, richtet sie Unheil an und die Schleier ziehen sich vor der Schicksalswirklichkeit unserer sozialen Zusammenhänge zusammen: Dies war von Anfang an eines der Motive, das in Camphill auflebte an der Stelle, wo das Religiöse die Arbeitszusammenhänge zu einem neuen Sakramentalismus führen sollte. Eine langjährige Kooperation mit der Christengemeinschaft entstand, in der Peter Roth ein besonderes Kapitel eröffnete. Er deutete immer wieder auf die Erbschaft der Menschheit, mit der Versuchung Christi weiter umzugehen – denn wir müssen uns immer noch vom Brote ernähren. «Our consciousness, our dealing with money are the centre of our efforts towards Christianity.»[4]

Die Beiträge in diesem Buch zeigen also einen Weg des Ringens, des Versuchens, wie er die letzten 66 Jahre in der Camphill Bewegung bewegt wurde. Wollen heute den Weg einer gemeinsamen Weiterarbeit eröffnen, so wie er 3 x 33 Jahre nach der Formulierung des «Sozialen Hauptgesetzes» erneuert werden muss; nicht mit Streit und rechthaberischer intellektueller Polemik, sondern als einen Beitrag zu dem, was Rudolf Steiner im gleichen Jahr – 1905 / 06 – verschiedentlich als Hoffnung aus der Anthroposophie heraus angesprochen hat: Dass wir uns vereint erleben im Erbauen der Zukunft des Menschengeschlechtes.

Bevor er die oben genannte erste Ausführung über das «Soziale Hauptgesetz» im Vortrag vom 25. Oktober 1905 machte, sprach Rudolf Steiner zum gleichen Publikum in Berlin: «Eine wirkliche Friedensgesellschaft ist eine solche, die nach Geist-Erkenntnis strebt, und die wirkliche Friedensbewegung ist die geisteswissenschaftliche Strömung.» Man mag es heute kaum zitieren, weil wir so weit weg davon zu sein scheinen. Doch einige Tage später spricht er – ebenfalls in Berlin – über «Bruderschaft und Daseinskampf»[5] und prägt besondere Worte über den Geist einer Gemeinschaft: «Zauberer sind die Menschen, die in der Bruderschaft zusammenwirken, weil sie höhere Wesen in ihren Kreise ziehen…» Diese Worte sind auffallend ähnlich denjenigen, die wiederum im Zusammenhang mit der spirituellen gemeinschaftsgestaltenden Kraft des Sozialen

Hauptgesetzes auftauchen: «*… und so werden sich die Einzelgeister dieser Gemeinschaften zusammenfügen zu einem geistig-zielvollen Bilde von der einheitlichen Mission des ganzen Menschengeschlechtes.*»[6]

Die letzten 100 Jahre haben uns wohl gründlich gelehrt, dass wir Menschen alleine nicht die Lösung der sozialen Probleme und Konflikte finden werden. Doch wenn wir zaubern lernen? In den frühen Jahren hoffte Rudolf Steiner wohl sehr auf die Entstehung von Bruderschaftsverhältnissen in anthroposophischen Gemeinschaften. In der Dreigliederungszeit kam dann vor allem das Wort «Brüderlichkeit» auf. In der Kulmination seines Wirkens, nach der Weihnachtstagung, rief er uns schließlich als Schwester und Brüder dazu auf, das Esoterische ins Sozial-Wirkliche hineinzutragen.

Für die Herausgeber
Richard Steel

Ulrich Rösch

Wie können wir das Soziale Hauptgesetz heute verstehen?

Schon kurze Zeit nach Fertigstellung seines erstes eigenständiges Werkes «Grundlinien einer Erkenntnistheorie der Goetheschen Weltanschauung» (1886) formulierte Rudolf Steiner in der «Deutschen Wochenschrift» (1888) das soziale Motto für den modernen Menschen: *«Nur das für wahr halten, wozu uns unser eigenes Denken zwingt, nur in solchen gesellschaftlichen und staatlichen Formen sich bewegen, die wir uns selbst geben, das ist der große Grundsatz der Zeit.»* Und daran anschließend entwickelt Rudolf Steiner einen Ausblick für die Sozialwissenschaft und zugleich auf eine moderne Gesellschaftsordnung, die dem Freiheitswesen des Menschen gerecht werden kann und gleichzeitig dem weit verbreiteten Pseudoliberalismus radikal entgegentritt. Steiner bleibt hier noch sehr allgemein, aber man kann diese kurzen Ausführungen als eine Grundlegung seiner sozialwissenschaftlichen Grundanschauungen ansehen. Das soziale Geschehen ist dem denkenden Erkennen zugänglich. Zwar sind die Erfahrungshintergründe jedes einzelnen Menschen verschieden; in einem die Wirklichkeit durchdringenden Denken können aber die Ideen so erfasst werden, dass hier eine wirkliche Kommunikation zwischen den Menschen erst möglich wird. *«Und wenn auch die Vernunft in vielen Menschen numerisch verschieden, so ist sie doch inhaltlich gleich; gibt sich das Individuum wahrhaft in den Bann derselben und nicht in den der subjektiven Willkür und des Egoismus, so kann das Wollen des einen das des anderen nicht ausschließen, sondern wird sich mit ihm begegnen, es ergänzen und unterstützen.»*[1] Nur so könnte eine dem Menschen entsprechende Sozialordnung entstehen, – jenseits der heute herrschenden liberalen oder sozialistischen Ideologien. Aus einer Begründung des Freiheitswesens lässt sich eine Gesellschaftsordnung finden, die allen Menschen eine freie Entfaltung ihrer Individualität, gleichzeitig aber ein geschwisterliches, solidarisches Zusammenwirken ermöglicht.

Das Soziologische Grundgesetz Rudolf Steiners

Nachdem Rudolf Steiner im 19. Jahrhundert im Anschluss an seine Goetheforschung seine grundlegenden erkenntnistheoretischen, philosophisch-philologischen und kultur- und zeitgeschichtlichen Schriften verfasst hatte, entwickelte er ausgehend von einer Besprechung des Buches, «Die soziale Frage» von Professor Ludwig Stein, dass «soziologische Grundgesetz der Menschheitsentwicklung». Dieses besagt, dass man alle sozialen Phänomene unter dem Aspekt des sich zur Individualisierung entwickelnden Menschen zu betrachten habe. Er nennt dieses Gesetz, das die Entwicklung vom Kollektiv zur Individualität beschreibt, das *«Gesetz des Individualismus»*.

In der Vergangenheit strebte die Menschheit nach sozialen Verbänden; alles Persönliche wurde dem Interesse der Gemeinschaft geopfert. In der modernen Zeit löst sich das Individuum aus allen Zwängen, um zu einer völlig freien Entfaltung seiner Individualität zu gelangen. Eine moderne Gemeinschaft wird danach bestrebt sein, dem Individuum eine größtmögliche Entfaltung zu ermöglichen. Ihr *«Ideal wird die Herrschaftslosigkeit sein. Es wird eine Gemeinschaft sein, die für sich gar nichts, für den Einzelnen alles will.»*[2]

Immer dann, wenn die Herrschaftsform diesen Individualisierungsprozess behindert, das heißt, wenn die Gemeinschaft eine Bevormundung des Individuums bewirken will, ganz gleich ob dies in autoritärer oder in demokratischer Weise erfolgt, haben wir es mit rückschrittlichen Gemeinschaftsformen zu tun. Die fortschrittlichen Gemeinschaftsformen werden immer nur aus der freien Entfaltung der Individualitäten erfolgen können – Individualitäten, die nicht aus Willkür, sondern aus Erkenntnis des sozialen Ganzen handeln. Zu einem solchen radikalen, an die Wurzel gehenden Ansatz fehle aber den meisten Zeitgenossen der Mut.

Wirksamkeit an der Arbeiterbeildungsschule

Zur Jahrhundertwende wird Rudolf Steiner Lehrer an der von Wilhelm Liebknecht in Berlin gegründeten Arbeiterbildungsschule. Sein Unterricht und insbesondere seine Übungen zur Vortragskunst finden bei der

Arbeiterschaft großen Anklang. Bei einem Fest der Schule begegnet er auch Rosa Luxemburg, mit der er gemeinsam auf dem Rednerpult stand. Anlässlich ihrer Ermordung im Frühjahr 1919 gedenkt er ihrer und erinnert in manchen Vorträgen an diese Begegnung mit der für ihn doch bedeutenden Persönlichkeit.

Es ist eine Tragik im Lebensgang Rudolf Steiners, dass er starkes Interesse bei der proletarischen Zuhörerschaft findet, die sozialistisch-dogmatischen Führer jedoch seine weitere Tätigkeit an dieser Schule verhindern. Am 15.01.1905 hielt er seinen letzten Vortrag in der Arbeiterbildungsschule. An Marie von Sivers schrieb er: *«Du weißt, dass ich in dem Wirken in diesen Kreisen eine Mission sah. Es ist wirklich etwas zerstört, was ich nicht wollte zerstört sehen.»*[3] Danach verstärkt er seine Wirksamkeit in theosophisch-bürgerlichen Kreisen – dort findet er ein Gehör und Hinwendung für die Darstellung der ihn bewegenden spirituellen Erfahrungen; es ist aber keinerlei Verständnis oder Interesse für die ihn ebenfalls bedrängende soziale Frage vorhanden.

Als Generalsekretär der Theosophischen Gesellschaft

1902 wird Rudolf Steiner Generalsekretär der neugegründeten Deutschen Sektion der Theosophischen Gesellschaft. Marie von Sivers, seine spätere Frau, wird seine engste Mitarbeiterin. In seinen Vorträgen und Schriften gibt er jetzt eine Grundlegung der Anthroposophie, so in der «Theosophie – Einführung in übersinnliche Welterkenntnis und Menschenbestimmung».[4]

Über den Zusammenhang des Wirkens in der Arbeiterbildungsschule und in der Theosophischen Gesellschaft schreibt Rudolf Steiners in einem Brief an Johanna Mücke, Schriftführerin im Vorstand der Schule in Berlin-Spandau: *«Sie werden, wie ich bestimmt hoffe, immer mehr erkennen, dass die theosophische Arbeit der sozialistischen nicht widerstrebt, sondern dass beide zusammengehören wie die Buchstaben eines Buches und der Sinn des Buches. So wenig dieser Sinn den äußeren Buchstabenbildern widerspricht, so wenig die Theosophie dem Sozialismus. Und der wäre wohl auch ein Tor, der den Sinn ohne die Buchstaben haben wollte.»*[5]

In der von ihm herausgegebenen Zeitschrift «Lucifer – Gnosis», die vor allem von Mitgliedern und Freunden der Theosophischen Gesellschaft in Deutschland gelesen wird, schreibt er in Aufsätzen die Grundlagen der modernen Geisteswissenschaft. Es sind oft eigene Nachschriften von Vorträgen, die er noch für ein kleines Publikum im Rahmen der Theosophischen Gesellschaft gehalten hat. Im Oktober/November 1904 schreibt er dann über *«Theosophie und Sozialismus»*: *«Die Theosophie muss deshalb die Seele der sozialen Dinge werden ... Es mag Theosophen geben, die weltfremd bleiben wollen, und immer wiederholen: es ist das Schicksal (Karma) der gegenwärtigen Völker, dass sie durch ihre rein materielle Gesinnung einmal geprüft werden. Ihnen ist zu sagen: gewiss, es ist auch das Schicksal des Kranken, krank zu sein; aber der versäumt seine Pflicht, der heilen soll und nicht heilt, weil er in der Krankheit eine Prüfung sieht.»*[6]

Dann entfaltet Rudolf Steiner in dieser bis dahin noch sehr östlich orientierten und traditionellem indischem Geistesgut verpflichteten Gesellschaft die Darstellung eines Schulungsweges für den mitteleuropäischen, modernen Menschen in der «Lucifer-Gnosis» (1904–1905). Diese Aufsätze bilden die Grundlage für sein wichtiges, am meisten verkauftes Buch: *«Wie erlangt man Erkenntnisse der höheren Welten?»* Es endet so: *«Es darf daher niemand von den Okkultisten des weißen Pfades erwarten, dass sie ihm eine Anweisung zur Entwicklung des eigenen egoistischen Ich geben werden. Für die Seligkeit des einzelnen haben sie nicht das allergeringste Interesse. Die mag jeder für sich erreichen. Sie zu beschleunigen ist nicht die Aufgabe der weißen Okkultisten. Diesen liegt lediglich an der Entwicklung und Befreiung aller Wesen, die Menschen und Genossen der Menschen sind.»*[7]

Theosophie und Soziale Frage – von den Voraussetzungen

Unmittelbar daran anschließend erscheinen die Aufsätze *über «Theosophie und soziale Frage»* in «Lucifer-Gnosis» (Oktober 1905 bis August 1906). Rudolf Steiner beginnt diese Aufsatzreihe mit dem Satz: *«Wer gegenwärtig mit offenen Augen die Welt um sich herum betrachtet, der sieht überall das sich mächtig erheben, was man die ‹soziale Frage› nennt.»*[8] Menschen, die sich selbst als Zeitgenossen erleben und verstehen, werden diesen Satz voll bejahen können. Mehr als je in der Menschheitsentwicklung steht diese soziale Frage vor uns. Das hängt mit dem oben dargestellten soziologischen Grundgesetz zusammen. Der Mensch ist zur Freiheit erwacht, er entwickelt sich zur Individualität, hat aber noch nicht die Sozialqualitäten für die sich entwickelnde Freiheit entfaltet. Alles steckt noch als Keim in ihm. Das Erwachen der Individualität beinhaltet zunächst auch ein verstärken des eigenen Ego. Mit dieser Vorstufe der Individualität hängen aber alle die Phänomene, die mit dieser sich *«mächtig erhebenden sozialen Frage»* ergeben, zusammen.

Charakteristisch für dieses Ego ist, dass es noch so in sich befangen ist, dass es sich gar nicht als Kern dieser sozialen Frage erlebt. Es hat sich gezeigt, dass gerade Menschen, die sich auf die Befriedigung ihrer subjektiven Gefühle konzentrieren, gar keine Wahrnehmungsorgane und noch weniger ein Verständnis für die soziale Frage entwickeln. Gerade das wird von Steiner als ein völliges Missverstehen des modernen, geisteswissenschaftlichen Anliegens charakterisiert.

Er führt in diesen Aufsätzen seine Leserschaft sorgfältig, ja geradezu liebevoll zu dieser sozialen Frage hin: *«..., dass eine solche Vorstellungsart, welche zu ihren Aufgaben die höchsten Menschheitsideale gemacht hat, irgendein Verhältnis gewinnen muss zu den sozialen Anforderungen ... [Und man sucht dann die Frucht in dem Gefühl der Befriedigung ...] Die wahre Frucht der Geisteswissenschaft darf aber darinnen nicht gesucht werden. Diese Frucht zeigt sich nämlich erst dann, wenn der geisteswissenschaftlich Gesinnte an die Aufgaben des praktischen Lebens herantritt.»*[9]

Das ist ganz deutlich der Duktus, mit dem Rudolf Steiner den Pfad moderner Geist-Erkenntnis in den Aufsätzen geschrieben hat, die die Grundlage abgaben für das oben genannte Buch: *«Wie erlangt man Erkenntnis der höheren Welten?»* Die Schritte, die man auf dem Pfade der Erkenntnis macht, sind nicht zur seelischen Selbstbefriedigung oder zur Verfolgung egoistischer Ziele zu missbrauchen. Alle Fortschritte und Erträgnisse auf diesem Wege sollen den Mitmenschen in geschwisterlicher Weise zur Verfügung gestellt werden. Dieser Schulungsweg für den modernen Menschen ist kein gemütlicher Spaziergang. Jeder Schritt, der getan wird, erschließt neue Erkenntnis, birgt aber auch neue Gefährdungen: in Richtung schwärmerischer, illusionärer, weltfremder Entrückung, die auch zu einer Selbstüberheblichkeit und zu Führungsansprüchen führen kann, oder in Richtung egoistischer Befriedigung des gerade auf dem Wege erreichten, was sich dann auch in einem gewissen Zynismus oder Geringschätzung des Anderen äußern kann.

Die wirkliche Frucht des modernen Schulungsweges wird sich darin zeigen, dass der Schüler dieses Weges die Wirklichkeit differenzierter und exakter wahrnimmt, dass er zur Lösung der großen Probleme der Zeit – und dazu gehört insbesondere die soziale Frage – auch immer wacher und geistesgegenwärtiger wird. Die moderne Geist-Erkenntnis zieht nicht vom Leben ab, sondern eröffnet Perspektiven, die den Geistesschüler gleichzeitig tüchtiger machen, auch den Alltag besser zu bewältigen. Der moderne Weg entfernt sich nicht von der äußeren Welt, sondern er macht gerade erdentüchtig, auch die Probleme und Aufgaben der äußeren Welt in einer geist- und menschengemäßen Form zu bewältigen. Jeder, der diesen Schulungsweg in richtiger Weise geht, wird auch seinen Beitrag zur sozialen Gesundung an seinem Orte leisten. «Praktisch, unmittelbar praktisch, viel praktischer, als gewöhnlich die Tagespraktiker meinen, soll uns die Geisteswissenschaft machen.»[10]

Das Denken – ein Medium, die Welt zu verstehen

«Wer im Leben wirken will, muss das Leben erst verstehen. Hier liegt der Kernpunkt der Sache.»[11] Darauf laufen die Betrachtungen Steiners hin. Wie selbstverständlich hatte sein eigenständiges Werk zunächst mit einer erkenntnistheoretischen, methodischen Grundlegung begonnen. Manche seiner Anhänger haben diese später als eine seiner Jugendsünden verurteilt. Rudolf Steiner ist diesen aber immer treu geblieben. Nur ein erkennendes Bewusstsein, das sich mit sich selbst verständigt, ist auch in der Lage, auf sicherem Wege die Welt zu erkennen. Und das Erkennen der Welt ist die notwendige Voraussetzung, die Welt auch ihrem Wesen, ihren Bildegesetzen gemäß, in gesunder Weise zu gestalten. Dies gilt auch unbedingt für das Gestalten der sozialen Welt. In dieser sozialen Welt werden aber oftmals die Wirklichkeit und damit die Gestaltungsgrundlagen ideologisch oder emotional verbrämt.

«Schlecht gebaute Brücken stürzen ein; und dem Befangensten ist dann klar, dass der Brückenbauer ein Pfuscher war. Was aber im sozialen Wirken verpfuscht wird, das zeigt sich nur darinnen, dass die Mitmenschen darunter leiden.»[12] Wenn ein Ingenieur pfuscht, hat das unmittelbar sichtbare Konsequenzen. Wie viel Pfusch wird aber von unseren Sozialtheoretikern, den Sozialpraktikern und den Parteipolitikern täglich geleistet? Die Konsequenzen werden nicht im Zusammenhang mit den Ursachen gesehen, der Sensible bemerkt nur bei den Mitmenschen ein permanentes, die menschlichen Kräfte zerstörendes Leiden.

Es ist interessant, dass immer wieder neue Generationen dieses Leiden nicht hinnehmen möchten. Die Eltern und ihre Lehrer haben sich gefügt in diesen permanenten Notstand. Man macht dann auch noch äußere Gesetze um diesen zu regeln – zur Not werden dann auch noch militärische Kräfte legalisiert und eingesetzt, um diesen eigentlich unerträglichen «Status Quo» zu erhalten.[13] Aber es ist das heilige Feuer, das oftmals ganz unerwartet neue Generationen aus der geistigen Welt in ihr Erdenwirken mitbringen. Finden sie dann verhärtete soziale Zustände oder ein Geistesleben vor, das alle Erneuerungsimpulse unterdrückt, dann kann es in gewalttätige Eruptionen führen, die dann in der Folge genau das Gegenteil von dem bewirken, was eigentlich ursprünglich ihr reiner Impuls war. Gerade im letzten Drittel des vorigen Jahrhunderts konnte man solche Impulse und Bewegungen erleben. Da die Formen nicht adäquat waren und sie somit in ihrem geistigen Streben unerkannt blieben, konnten sich diese Impulse nicht in gesunder Weise ausleben und führten in das Gegenbild: des gewalttätigen, zerstörerischen Terrorismus oder in die «weltflüchtigen» Drogen. Aber vielleicht noch schlimmer war die «heimliche Flucht» der vorangegangenen Generation in das bürgerliche Dasein mit allen ihren materiellen Verlockungen, unter Auslöschung aller lebendigen, geistigen Zukunftskeime.

Das Problem dieser jungen Generation war, dass sie ein starkes Empfinden von der Not und dem Leid gerade auch der Menschen erlebten, die in einem großen, äußerlich-materiellen Überfluss lebten. Sie hatten ein starkes Unrechtsempfinden und eine ausgeprägte Mitleidensqualität. Was ihnen aber fehlte, war ein wirkliches Bewusstsein der Lage der Menschheit. Das Denken hatten sie nur in der intellektualistischen Verkümmertheit kennen gelernt. Und diese kalte Intellektualität war ihnen zu Recht verdächtig geworden. Da ihnen weder in der Kunst noch in der akademischen Kultur ein dem Leben adäquates Denken begegnete, konnten sie auch nicht den Weg finden, den sie verzweifelt zur Erfüllung ihres Schicksals gesucht hatten. Die Theorien, die ihnen erzählt wurden, hatten nichts mit dem Leben zu tun – es waren abgestandene Ideologien, die sich bestenfalls aus dem 19. Jahrhundert, eher aber noch aus dem Mittelalter in die Neuzeit herüber geschlichen hatten.

Sie fanden kein Geistesleben, das ihnen die wirklichen Gesetze des Lebens näher gebracht hätte. Und dass die abstrakten Lehrgebäude, die sie an den Universitäten hören konnten, völlig unbefriedigend waren, das erlebten sie stark.[14] Oftmals wurde dann aber auch die wirkliche Quelle verschüttet, indem man dieses abstrakte, tote Denken mit dem Denken an sich identifizierte. Das war der Anfang vom Ende: das Denken wurde verdächtigt, Ursache dieser hoffnungslosen Situation gewesen zu sein. Ein intellektualistisches Trugbild wurde für die Wirklichkeit genommen. Und es fanden sich viel zu wenige, die einen anderen Weg gewiesen hätten: den Weg zu einem lebendigen Denken, das durch einen kraftvollen Willen, geschult zu einem wirklichen Erfahren der Ideenwelt geführt hätte. Denn nur ein solches Denken, das sich den Gesetzmäßigkeiten des Daseins zugewendet hätte und damit durch den Todespunkt der Abstraktion zum Erleben der lebendigen Wirklichkeit geführt hätte, wäre in der Lage gewesen, eine gesundende Grundlage für eine soziale Erneuerung abzugeben.

«Und wer im Leben wirken will, der muss die Gesetze des Lebens kennen lernen … Rechtes Handeln entspringt aus rechtem Denken; und unrechtes Handeln entspringt aus verkehrtem Denken oder aus der Gedankenlosigkeit.»[15] Diese Gedankenlosigkeit oder besser das abstrakte Denken, das die Wirklichkeit nicht mehr findet, beherrscht unser gegenwärtiges Dasein allenthalben. Und das schlimmste ist, dass selbst gutwillige, die ahnen, dass es ohne das Ergreifen der geistigen Welt nicht mehr gehen wird, sich von dem Denken als notwendige Voraussetzung distanzieren. Ohne ein solches zunächst ganz nüchternes Denken wird es aber nicht mehr gehen. Nur durch dieses Nadelöhr werden wir den Weg in ein dem modernen Menschen auf gesundem Wege zugängliches «Himmelreich» finden. Nie-

mals wird ein rechtes soziales Handeln entstehen, wenn nicht der Mensch aus einer Erkenntnis des sozialen Geschehens sich neue soziale Fähigkeiten erwirbt. Es kann heute nicht mehr darum gehen, Gedankengebäude zu übernehmen, sondern darum, dass jeder einzelne anfängt, aus einem energischen Denken selbst die Wirklichkeit zu erfahren. Dieser Ansatz ist unbedingt notwendig, aber noch nicht hinreichend. Dazukommen muss die praktische Anwendung des aus der Geistesgegenwart erfahrenen, die sozialen Gestaltung der je konkreten Umwelt. So kann eine moderne geistige Bewegung Ferment zu der so dringend notwendigen Umgestaltung der gegenwärtigen Welt werden.

Ein neues, sachgemäßes Verständnis der Ausbeutung

Und Steiner fährt in dem zweiten Aufsatz fort, indem er das Prinzip der Ausbeutung so erklärt, dass diese nicht von arm oder reich abhängig sei, *«sondern allein dadurch, dass ich den Arbeiter, der für mich den Rock anfertigt, zu wenig entlohne … Ob ich arm bin oder reich: ich beute aus, wenn ich Dinge erwerbe, die nicht genügend bezahlt werden.»*[16] Besser kann man eigentlich die Problematik wirklicher Ausbeutung nicht beschreiben. Jeder von uns ist Konsument und strebt im Rahmen der heutigen Wirtschaftsordnung danach, die Dinge so billig wie möglich zu erwerben. Der Werbeslogan, «Ich bin doch nicht blöd», mehr zu bezahlen, oder «Geiz ist geil», macht diese Haltung sehr deutlich.

Das Bewusstsein, dass jeder, der nicht einen gerechten Preis bezahlt, teilhat an einem unsozialen System, könnte Verantwortung bei jedem Konsumenten erzeugen. Es ist eine der Grundlagen unserer sozialen Schädigungen, dass der Konsument heute die Produkte und damit die Leistungen der Hersteller nicht mehr «wertschätzen» kann. Viele Produkte, gerade solche, die im nichtindustriellen Prozess in der Landwirtschaft oder in den Entwicklungs- oder Schwellenländern hergestellt werden, werden zu einem viel zu geringen Preis auf dem Markt angeboten. Oftmals steckt das Leid und das Elend, manchmal sogar das Blut der Produzenten in den Produkten. Nicht zuletzt werden Kinder ihrer Kindheit beraubt, damit die Produkte billiger produziert werden können. Daneben wird die Naturgrundlage rücksichtslos geschädigt. Würde der Konsument solche

Produkte nicht mehr kaufen, würden diese auch ganz schnell vom Markt verschwinden. Und kein Konsument kann sich heute herausreden, er habe davon nichts gewusst. Der interessierte Konsument kann sich ohne viel Aufwand über die tatsächlichen Verhältnisse in der Produktionskette interessieren und alle Informationen erhalten. Viele Unternehmungen, die auf ihr Image, den Ruf ihres Unternehmens bedacht sind, legen heute schon ihre Produktionskette offen.

Aber die Ausbeutung geht noch weiter. Wenn der Konsument einen industriell produzierten, mit Pestiziden gespritzten Apfel kauft, trägt er zu einer Förderung einer solchen lebensfeindlichen Agrarökonomie bei. Gleichzeitig kann der biologisch-dynamische Bauer, der liebevoll aus der Verbindung mit der Erde, zur Natur, zu den Tieren und zum Konsumenten sein Land bearbeitet, seine Produkte nicht verkaufen, weil der Konsument nicht den Preis für diese Produkte bezahlen will, der ihrem Wert entsprechen würde. Es ist ein Ausbeutungsverständnis, das uns alle mitschuldig macht, das uns aber alle auch aufruft, an einer Überwindung dieser Verhältnisse mitzuwirken. Es ist ein großer Fortschritt unserer Gesellschaft, dass eben nur noch solche Produkte produziert werden können, die der Verbraucher dann auch abnimmt. Dass unsere «perfekte» Wirtschaft auch Mechanismen entwickelt hat, den Verbraucher so zu manipulieren, dass aus ihm Bedürfnisse herausgelockt oder gar aufmanipuliert werden, ist auch ein Teil der Wahrheit. Der bewusste Konsument wird aber immer weniger auf solche «geheimen Verführer»[17] hereinfallen.

Das Soziale Hauptgesetz

Nun kommt Steiner dazu, das Soziale Hauptgesetz zu formulieren, das in diametralem Gegensatz steht zu dem von Adam Smith formulierten Grundsatz, dass eine Gesellschaft umso besser funktioniere, je mehr der Einzelne seinen Egoismus auslebe. Zwar ist das auch bei Adam Smith nicht so ganz eindeutig. Am Anfang seines Grundwerkes zur Ethik schrieb er: «Mag man den Menschen für noch so egoistisch halten, es liegen doch offenbar gewisse Prinzipien in seiner Natur, die ihn dazu bestimmen, an dem Schicksal anderer Anteil zu nehmen.»[18] Er sah aber im Egoismus die Triebfeder für allen wirtschaftlichen Fortschritt. Sein so oft zitierter Kernsatz lautet: «Nicht vom Wohlwollen des Metzgers, Brauers und Bäckers erwarten wir das, was wir zum Essen brauchen, sondern davon, dass sie ihre eigenen Interessen wahrnehmen.»[19]

Wenn alle am Marktgeschehen Beteiligten ihren Eigennutz bestmöglich ausleben würden, so würde eine unsichtbare Hand das Geschehen so umstülpen, dass es sich «zum Heile des Ganzen» auswirken würde. Obwohl die Entwicklung insbesondere im 20. Jahrhundert diesen Gedanken ad absurdum geführt hat, hat er doch einen so magischen Charakter, dass noch heute mancher daran glaubt. Die tatsächliche Entwicklung hat gezeigt, dass ein freies Konkurrenzgeschehen am Markte nur dazu führt, dass die Reichen und Marktmächtigen immer reicher und mächtiger werden und dass die «Ohnmächtigen» in ihrer Rolle verbleiben müssen. Obwohl jeder, der heute das wirkliche Marktgeschehen beobachtet, die Absurdität Smiths Überlegungen offensichtlich erfahren kann, haben diese Gedanken bis heute eine solche Faszination, ja Magie, dass der überwiegende Teil der heutigen Gesellschaften noch immer – bewusst oder unbewusst – auf dieser Ideologie basieren. Die Menschlichkeit und alle Fortschritte, die die Menschheit seit der Aufklärung gemacht hat, bleiben dabei auf der Strecke.

Natürlich ist der Egoismus auch ein Teil der menschlichen Natur. Es wäre nicht wirklichkeitsgemäß, diesen Trieb im Menschen nicht zu sehen. Deshalb kommen auch die meisten Sozialtheoretiker, aber noch mehr auch die Sozialpraktiker zu dem Ergebnis, dass die Gesellschaft dafür sorgen müsse, dass ein jeder so viel wie möglich Ertrag aus seiner Arbeitsleistung erzielen solle.

Rudolf Steiner kommt aus seiner vorurteils- und ideologiefreien Forschung, wie er sie aus der Phänomenologie des Goetheanismus heraus entwickelt hat und basierend auf seinen geisteswissenschaftlichen Grundlagen, zu einer gerade gegenteiligen Erkenntnis: *«Das Heil einer Gesamtheit von zusammenarbeitenden Menschen ist um so größer, je weniger der Einzelne die Erträgnisse seiner Leistungen für sich beansprucht, das heißt, je mehr er von diesen Erträgnissen an seine Mitarbeiter abgibt, und je mehr seine eigenen Bedürfnisse nicht aus seinen Leistungen, sondern aus den Leistungen der anderen befriedigt werden. Alle Einrichtungen innerhalb einer Gesamtheit von Menschen, welche diesem Gesetz widersprechen, müssen bei längerer Dauer irgendwo Not und Elend erzeugen.»*[20]

Nun schließen sich natürlich viele Fragen an dieses «Soziale Hauptgesetz» an. Was ist das Heil? Was ist eine Gesamtheit von zusammenarbeitenden Menschen? Was sind die Erträgnisse seiner Leistungen? Was sind die Bedürfnisse?

Das Heil können wir vielleicht aus seinem Gegensatz zu Not, Elend und Armut verstehen. Heil, oder Steiner gebraucht auch an anderer Stelle den Begriff heilsam, hat von seinem gotischen Wortstamm auch die Bedeutung von gesund oder unversehrt, unverletzt. Wir finden darin den Wortstamm heil, was ursprünglich meinte dazugehörig, dann heilig, der Gottheit gehörig, ihr geweiht. Steckt darin also das «Urmenschliche», seine «Würde», sein «Fähigkeitenwesen», das in einer göttlich-geistigen Welt urständet, seine Fähigkeiten, die ihn als menschliches Wesen auszeichnen und über das Tierreich und damit über das ganze Naturreich hinausheben? Hat er nicht gerade durch diesen geistigen Anteil an seinem Dasein eine Qualität, die ihn hinaufhebt zu einem Göttlichen?

Im Sozialen sollte man nicht von richtig oder falsch sprechen. Diese Kategorien passen hier nicht. Viel sachgemäßer ist es von gesundend oder kränkend zu sprechen. Natürlich gibt es auch im Sozialen Gesetzmäßigkeiten, die es zu beachten gilt. Beachtet man diese Gesetzmäßigkeiten nicht, so wird das den sozialen Organismus auf die Dauer kränken und «*Not und Elend unter den Menschen hervorrufen*».

Also: jede Gemeinschaft muss ihre Form finden, es gibt kein richtig oder falsch, es gibt aber zu beachtende Gesetzmäßigkeiten. Und wenn diese nicht beachtet werden, *«müssen alle Einrichtungen bei längerer Dauer irgendwo Elend, Armut und Not»* unter den Menschen erzeugen. Schlechte Ingenieurleistungen gewahrt man sofort durch schlechte Straßen oder zerstörte Brücken. Beim Sozialen bemerkt man das meist nicht so schnell.

Wenn wir auf die Gesamtheit von zusammenarbeitenden Menschen schauen, so sehen wir natürlich zunächst einmal eine «Arbeitsgemeinschaft», wie sie auch in der mittelalterlichen Handwerkergemeinschaft bestanden hat. Der Blick auf die Zusammenarbeit lässt uns aber sofort den Blick auf heute ganz umfängliche Unternehmenszusammenhänge oder gar auf eine nationale Ökonomie erweitern. Kann die Frage der Trennung von Arbeit und Einkommen nur in einer Rechtsgemeinschaft, einer Staatsgemeinschaft, in nationalem Rahmen geregelt werden? Im Zeitalter der Globalisierung wird darüber hinaus aber immer deutlicher, dass die Gesamtheit der zusammenarbeitenden Menschen nur global, weltweit gesehen werden kann. Heilsam können in unserer Zeit soziale Maßnahmen nur dann sein, wenn die Schwestern und Brüder überall auf der Erde mitgedacht und ihr Schicksal mitempfunden und mitgelitten wird. Natürlich muss jede Menschengruppe die ihr adäquate Lösung finden, sie kann das heute aber nur noch, wenn sie das gesamte Menschheitsschicksal mitdenkt. Detail- bzw. Partiallösungen müssen selbstverständlich gefunden werden, sie können aber heute nur noch in gesunder Weise aus dem Bewusstsein des Ganzen entstehen.

Wenn von Leistungen und Bedürfnissen gesprochen wird, so haben wir es mit den beiden Polen zu tun, von denen Adam Smith als Eigennutz und vom «Anteil am Schicksal der anderen zu nehmen», spricht. Wenn wir konsumieren sind wir selbstverständlich immer auf uns selbst gerichtet. Wir müssen uns ernähren, kleiden und vor der Witterung schützen. Nur wir wissen, was wirklich unsere Bedürfnisse sind. Diesem Pol, der auf uns bezogenen Versorgung, steht aber als Gegenpol die auf den anderen gerichtete Intention der Produktion gegenüber. Sinnvolle Produktion richtet sich immer auf die Bedürfnisse anderer Menschen.[21] Und wenn ich diese Bedürfnisse nicht selbstlos erfasse, werde ich etwas produzieren, was die Konsumenten gar nicht wollen und brauchen. Manches lässt sich durch Marktmacht und auch durch die Manipulation der Verbraucher kaschieren, auf die Dauer wird jedoch kein Unternehmen bestehen können, das permanent an den Bedürfnissen der Abnehmer vorbeiproduziert.

Steiner gibt auch schon erste Hinweise, wie in der sozialen Wirklichkeit dieses Gesetz, das natürlich in jeder arbeitsteiligen Gemeinschaft schon vollumfänglich wirksam ist, realisiert werden kann. Das heißt, dass die sozialen Formen und Einrichtungen so gestaltet werden, dass gleichsam in einer sozialen Plastik dieses Gesetz unmittelbar in einem «schönen Schein» (Schiller) sicht- bzw. erlebbar wird. Hier muss die Sozialwissenschaft durch eine neu zu erringende soziale Kunst ergänzt werden.

Nun, die Bedürfnisse des Menschen richten sich immer auf seine eigene Wesenheit. Ich muss mich erhalten, d. h. präziser ausgedrückt, die menschliche Gemeinschaft, die Anderen, haben schon dafür gesorgt, dass ich erhalten werde, dass ich als Mensch mein Auskommen habe. Erst auf dieser Grundlage bin ich überhaupt in der Lage, meine eigenen Leistungen den Mitmenschen zur Verfügung zu stellen. Dabei können wir hier Leistungen ganz allgemein verstehen: immer dann, wenn ich meine Fähigkeiten in einem produktiven Akt so verwende, dass ich die Naturgrundlage im umfassendsten Sinne so verwandle, dass ein Produkt entsteht, das zur Befriedigung der Bedürfnisse eines anderen Menschen oder einer Menschengruppe dient.

Dazu gehören alle Leistungen. Überall, wo Menschen für die Bedürfnisse anderer Menschen tätig werden, entstehen wirtschaftliche Werte, die in die wirtschaftliche Zirkulation eingebracht werden. Die Waren und Dienstleistungen können dann bewertet und auch bezahlt werden, niemals aber die Fähigkeiten des Menschen oder eine abstrakte Zeit ihrer zur Verfügung-Stellung (Arbeitszeit). *«Innerhalb des Wirtschaftsgebietes hat man es nur mit Warenwerten zu tun. Für dieses Gebiet nehmen auch die Leistungen, die entstehen aus der geistigen und der staatlichen Organisation heraus, den Warencharakter an. Was ein Lehrer an seinen Schülern leistet, ist für den Wirtschaftskreislauf Ware. Dem Lehrer werden seine individuellen Fähigkeiten ebenso wenig bezahlt wie dem Arbeiter seine Arbeitskraft. Bezahlt kann beiden nur werden, was, von ihnen ausgehend, im Wirtschaftskreislauf Ware und Waren sein kann.»*[22] Wir können hier schon einen Ausblick auf die von Rudolf Steiner nach dem ersten Weltkrieg dargestellte Idee der Dreigliederung des sozialen Organismus nehmen. Mit seinen Fähigkeiten lebt der Mensch ganz im Geistesleben. Das Schaffen von Warenwerten und Leistungen gehört in den Bereich des Wirtschaftslebens. Das Verträge schließen und alles Vereinbaren – dazu gehören auch die Arbeitsverträge, die Bedingungen der Arbeit und der ganze Bereich der Vergütung der Arbeit, gehören ins Rechtsleben.

«Dieses Hauptgesetz gilt für das soziale Leben mit einer solchen Ausschließlichkeit und Notwendigkeit, wie nur irgendein Naturgesetz in Bezug auf irgendein gewisses Gebiet von Naturwirkungen gilt.»[23] Hiermit ist die Aufgabe für die Sozialwissenschaftler, noch mehr für den moder-

nen Sozialgestalter, aber auch für jeden bewusst in der Welt stehenden Zeitgenossen, gestellt: die in der Welt erscheinenden Phänomene sind so wahrzunehmen, dass im erkennenden Denken ihre Gesetzmäßigkeit, ihre Idee, der Begriff zur Erscheinung gebracht werden kann. Diesen Weg beschreitet Steiner in seinen Aufsätzen und insbesondere in seinen Vorträgen: Phänomene werden geschildert, es werden sozusagen die Erscheinungen der Welt illustriert und der Leser oder Zuhörer kann durch seine eigene Willensanstrengung das Gesetz, den Begriff oder das Wesen in seinem eigenen Denken als geistige Realität zur Erscheinung bringen und somit erfahren.

Das sozialwissenschaftliche Denken muss also möglichst umfassend, total sein. Ebenso umfassend muss aber der Wahrnehmungsbereich sein, der Ausgangsort für jede soziale Begriffsbildung. Hier setzt die Bedeutung der gemeinschaftlichen Erkenntnisprozesse an, wie sie Steiner in seinen Ausführungen zur Dreigliederung in den Assoziationen geschildert hat. Der einzelne kann im Sozialen immer nur einen bestimmen Gesichtswinkel einnehmen, der durch andere Menschen ergänzt werden muss.

Hier könnte aber ein Missverständnis entstehen. Natürlich ist die Tatsachenwelt, insbesondere das Wirtschaftsleben, ein vielfältiges und für den Einzelnen unüberschaubares Gebilde. Es bedarf eines Geflechtes von wahrnehmenden und sich gegenseitig beratenden Gremien, damit die Ganzheit dieses komplexen Gebildes überschaut werden kann. Die Gesetzmäßigkeiten, die aber die konkrete Gestalt des Erscheinenden jeweils hervorbringen, können aber nur jeweils auf dem Felde des Bewusstseins eines einzelnen, individuellen Menschen erscheinen. Solche Gesetzmäßigkeiten erfahrbar zu machen, ist aber gerade Aufgabe jeder Wissenschaft.

Es gilt, Einrichtungen zu schaffen

Rudolf Steiner erläutert nun noch dieses Soziale Hauptgesetz und greift sofort eventuellen Missverständnissen und Einwänden vor. Es ginge nicht darum, dieses Gesetz nur als ein «*allgemein moralisches*» gelten zu lassen, das die Menschen in ihre Gesinnung aufnehmen sollten. *«Nein, in der Wirklichkeit lebt das Gesetz nur so, wie es leben soll, wenn es einer*

Gesamtheit von Menschen gelingt, solche Einrichtungen zu schaffen, dass niemals jemand die Früchte seiner eigenen Arbeit für sich selber in Anspruch nehmen kann, sondern doch diese möglichst ohne Rest der Gesamtheit zugute kommen. Er selbst muss dafür wiederum durch die Arbeit seiner Mitmenschen erhalten werden. Worauf es also ankommt, das ist, dass für die Mitmenschen arbeiten und ein gewisses Einkommen erzielen zwei voneinander ganz getrennte Dinge seien.»[24] Bis in die heutige Zeit hinein wird dieses Soziale Hauptgesetz gerade diesbezüglich missverstanden – nämlich als ein moralisches Gebot. Rudolf Steiner spricht hier aber von einer objektiven sozialen Gesetzmäßigkeit, die in der gegenwärtigen Welt einfach lebt, ganz unabhängig von der moralischen Gesinnung der Menschen. Walter Kugler hat ganz zu Unrecht von mancher Seite Schelte erhalten, weil er in dem von Stefan Leber herausgegebenen Sammelband seinen Aufsatz überschrieben hatte: «Das Soziale Hauptgesetz – ein nationalökonomisches Prinzip.»[25] Kugler gibt drei Aspekte zur Verwirklichung des Sozialen Hauptgesetzes an, die erst durch ein Verstehen der Dreigliederung des sozialen Organismus möglich werden: «1. die Notwendigkeit eines wirtschaftlichen Altruismus, hervorgerufen durch die die Entwicklung hin zur Arbeitsteilung; 2. die Tatsache, dass die Bewertung der Arbeit dem Wirtschaftsleben entzogen und dem Rechtsleben zugeordnet werden muss (= Dreigliederungsaspekt); 3. die Notwendigkeit eines freien Vertragsverhältnisses zwischen Arbeitsleiter und Arbeitsleister …»

Rudolf Steiner schildert, wie der Weg aus dem «sozialen Egoismus» über eine Neuregelung der Arbeitsverhältnisse gehen kann und muss. Solange die Menschen in «Lohnarbeit» stehen, können sie nur dem Egoismus verfallen. Das wirtschaftliche Werteschaffen geschieht auf einer Ebene, nämlich der des Wirtschaftslebens, das Einkommensbeziehen auf der ganz anderen Ebene der Menschenwürde, nämlich dem Rechtsleben, dem alle Menschen in einer Art Gleichheit angehören. Erst so wird es möglich, dass die Menschen aus Freiheit und damit auch aus Selbstlosigkeit ihr höchstes Gut auf Erden, ihre Fähigkeiten den Mitmenschen zur Verfügung stellen können. Damit erst kann der Forderung nach einem freien Geistesleben entsprochen werden – gleichzeitig der Bedingung für ein solidarisches, geschwisterliches Wirtschaftsleben. *«Es muss die Mög-*

lichkeit herbeigeführt werden, dass ein jeder freiwillig tut, wozu er berufen ist nach dem Maß seiner Fähigkeiten.»[26]

Natürlich wirft Steiner auch die Frage auf: *Wie kann man es in die Wirklichkeit umsetzen?* Die Frage wird aber von ihm nicht unmittelbar beantwortet. Er konstatiert zunächst, dass es nicht nur darum gehe, dieses Gesetz einzusehen, sondern es auch in die wirkliche Praxis zu bringen. Er macht dabei nochmals deutlich, dass der Weg aus dem Egoismus nur so gehen kann, dass der Einzelne nicht mehr in Lohnarbeitsverhältnissen steht. Erst wenn die Menschen in sozialen Verhältnissen arbeiten, die es ihnen ermöglichen, in selbstloser Weise für andere tätig zu werden, können sie nach und nach unegoistisch werden.

Bedingungen zur Verwirklichung des Sozialen Hauptgesetzes

Nun gibt Rudolf Steiner auch an, dass dazu Bedingungen nötig sind. Eine Voraussetzung dafür ist, dass jeder Einzelne sich als Teil einer Gesamtheit erlebt. Die Gesamtheit wird dadurch gebildet, dass sie ein gemeinsames Ziel, eine gemeinsame Aufgabe, eine Mission hat. Jeder muss sich als Teil dieser Gesamtheit empfinden und an den gemeinsamen Zielen Anteil haben. Dieses Zielbewusstsein, das bewusste Erleben des Wertes dieser Gesamtheit, wird mehr und mehr das Eigeninteresse, den Egoismus der Vergangenheit ersetzen. Dazu gehört aber selbstverständlich auch die Selbstbestimmung, die Grundlage für die Sozialgestaltung der Zukunft sein muss. *«Die Gesamtheit muss eine geistige Mission haben; und jeder Einzelne muss beitragen wollen, dass diese Mission erfüllt werde.»*[27] Dabei lässt Steiner völlig offen, welche Größe diese Gesamtheit haben müsse. Ich denke, dass auch dies ein Entwicklungsweg sein wird. Zunächst werden diese Gemeinschaften wohl den kleinen Rahmen einer «geistesverwandten» Familie haben. Dann wird sich das auf Arbeitsgemeinschaften ausweiten, dann können es «Unternehmenszusammenhänge» sein und in der Zukunft könnte die Dimension einmal menschheitlich werden.

Die sozialen Theorien des 19. und 20. Jahrhunderts haben keine Grundlage abgegeben, das soziale Leben in seinen Fundamenten neu zu gestalten. Mehr oder weniger sind sie alle dem Materialismus verhaftet geblieben. Mit solchen Theorien kann man zwar kurzfristige Aktivitäten hervorrufen, eine wirkliche Gesundung lässt sich dadurch aber nicht herbeiführen. *«Das, was allein helfen kann, ist eine geistige Weltanschauung, welche durch sich selbst, durch das, was sie zu bieten vermag, sich in die Gedanken, in die Gefühle, in den Willen, kurz in die ganze Seele des Menschen einlebt.»*[28] In der Hinführung zum sozialen Hauptgesetz hat Rudolf Steiner deutlich gemacht, dass es ohne ein neues Denken über die Verhältnisse nicht gehen wird. Das Denken ist aber bei ihm nicht als pure Abstraktion misszuverstehen, sondern es ist ein bewusster Weg, das Feuer des Geistes zu empfangen. Dieses Feuer kann dann auch das Fühlen der Menschen erwärmen und den Willen entfachen, die soziale Welt so zu verändern, dass auch sie anfängt, das Antlitz des Menschen zu tragen.

Wenn ich den Arbeitsantrieb im anderen Menschenwesen finden soll, dann bedarf ich einer Anschauung dieses anderen Wesens, die diesem gerecht werden kann. Erst wenn ich in dem anderen Menschenwesen auch seinen höheren Kern sehe, seinen göttlichen Ursprung erkenne, werde ich in dieser Entelechie die Ursache finden, mein eigenes höchstes Gut, was mir die Götter in diesen Erdenweg hineingeschenkt haben, einzusetzen. So kann das Zukunftsziel verstanden und angegangen werden: Arbeit als Opfer den anderen Menschen zur Verfügung zu stellen. Dazu aber bedarf es eben *«einer Weltauffassung, die sich auf wahre Erkenntnis des Geistes richtet».*[29]

Auf dieser Grundlage wird auch jeder seine soziale Aufgabe erkennen, ganz egal, an welchem sozialen Orte er steht. Keiner steht zufällig an seinem Orte. Jeder kann auf seine Art seinen Beitrag am Zukunftsziel der Menschheit leisten. Und so können die tiefsten Empfindungen als Grundlage für ein heilvolles, zukünftiges soziales Handeln entstehen. Wenn sich die Menschen mit dem richtigen Bewusstsein und Empfinden durchdringen, werden sie das soziale Handeln, das natürlich immer das Streben der anderen Menschen mit einbezieht, als eine solche Notwendigkeit wie das Essen und Trinken empfinden. Und der Mensch wird dann seine Stellung und die Stellung seiner Gemeinschaft im Rahmen des sozialen Ganzen finden: *«... und so werden sich die Einzelgeister dieser Gemeinschaften zusammenfügen zu einem geistig-zielvollen Bilde von der einheitlichen Mission des ganzen Menschengeschlechtes.»*[30]

Natürlich sind wir erst auf dem Wege dahin. Diese geistige Bewegung steckt erst in ihren Anfängen. Sie wird sich *«zu ihrer hohen Kulturmission erst hinaufentwickeln müssen».* Sie selbst wird zu einem Quellort für soziales Bewusstsein und für soziale Aktivitäten werden können und müssen. Menschheitsfortschritt wird nur dann entstehen, wenn sich die Glieder dieser Bewegung mehr und mehr ihrer sozialen Verantwortung bewusst werden und wenn sie ihren sozialen Auftrag erfüllen. Zu ihren Aufgaben wird es selbstverständlich gehören, an einem solchen Menschheitsfortschritt mitzuwirken. *«Sie kann aber diesen Menschheitsfortschritt nur bewirken, wenn sie die wirklichen Bedingungen dazu schafft. Und diese Bedingungen können nicht anders herbeigeführt werden, als wenn Mensch nach Mensch erobert wird. Nur wenn die Menschen wollen, schreitet die Welt vorwärts.»*[31]

Der dritte Aufsatz endet: *«Auf noch weiteres einzelne soll demnächst eingegangen werden.»* Damals, 1906, war in dem theosophischen Umfeld kein wirkliches Interesse für diese Ideen und Impulse vorhanden. Deshalb bricht Steiner nach dem dritten Aufsatz ab *«..., der eigentlich nur eine Bedeutung gehabt hätte, wenn er aufgegriffen worden wäre von Praktikern, und wenn man sich danach gerichtet hätte. Da er überhaupt ganz unberücksichtigt geblieben ist, habe ich ihn nicht einmal zu Ende geführt und nicht weiter erscheinen lassen. Man muss ja hoffen, dass diese Dinge immer mehr verstanden werden».*[32]

Erst als nach dem ersten Weltkrieg, 1917 bis 1919, wieder diesbezügliche Fragen an Rudolf Steiner herangetragen werden, beginnt er entsprechende Ausführungen zu machen. In der von ihm entwickelten und in vielen Vorträgen und Aufsätzen dargelegten Idee der Dreigliederung des sozialen Organismus findet man die Beschreibung der sozialen Wirklichkeit, die eine Grundlage abgibt für das Verwirklichen des «sozialen Hauptgesetzes» in der sozialen Praxis.

Dort findet man auch nochmals eine Begründung dafür, warum er erst jetzt zur Ausgestaltung dieses Gesetzes kommt: *«... und worauf es notwendig in der Gegenwart ankommt: dass zuerst eine gesunde Konsum-Assoziation geschaffen und nicht ins Blinde und Blaue hinein produziert werde. Aus bloßer menschlicher Vorliebe heraus sollte nicht einmal Wahrheit produziert werden.»*[33] Nur auf wirkliche Bedürfnisse soll geantwortet werden.

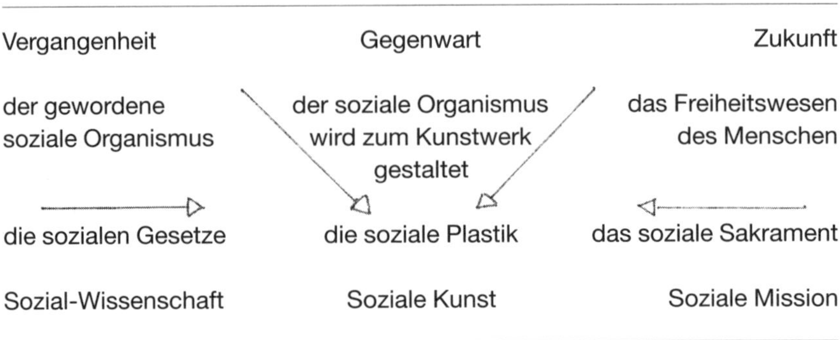

Moderne Probleme – mittelalterliche Lösungen

Unser Denken über die sozialen Probleme ist immer noch mittelalterlich und damit auch vorindustriell. Unsere modernen Gesellschaften haben aber inzwischen gewaltige Entwicklungen durchgemacht, denen unsere Begriffe nicht folgen konnten – diese müssen entideologisiert werden. Ein unbefangenes, vorurteilfreies Anschauen der sozialen Phänomene kann die Grundlage für ein kreatives Denken werden, das der Quell für schöpferische, aber konkrete Utopien werden kann. Gerade das fällt aber den heutigen Zeitgenossen besonders schwer. Allenthalben sind wir von einem ideologisch geprägten Denken und einem deformierten, oft ins Untermenschliche gelenkten Fühlen geprägt. Daraus resultiert ein gelähmter Wille, was sich dann in rückwärtsgewandten sozialen Gebilden auswirkt.

Die sozialen Probleme unserer Zeit zeigen sich alle im Spannungsfeld zwischen dem Streben jedes einzelnen Individuums nach größtmöglicher Freiheit, nach Selbstverwirklichung und Individualismus und der Realisierung gesellschaftlichen Strebens in kollektivistischen und solidarischen Arbeitsgemeinschaften. Dazwischen bildet sich der Bereich des Berechtigens und Verpflichtens, die Sphäre aller Rechtsbeziehungen, die dem modernen Menschen entsprechend den Maßstab der Gerechtigkeit und der Gleichheit erfordern. In der Vergangenheit waren es die sozialen Verbände, die zum Überleben des Einzelnen nötig waren, das Individuelle musste der Gemeinschaft geopfert werden. In der modernen Zeit dreht sich das um. Heute müsste das ganze Bestreben der Gemeinschaften dahin gehen, dem Individuum die freie Entfaltung zu ermöglichen. Die Fortschrittlichkeit einer Gesellschaft lässt sich daran messen, in wie weit sie die Einzelpersönlichkeit, die zur Freiheit gereifte Individualität in den Vordergrund stellt – erst so würde sich Liberalismus modern und menschengemäß entwickeln können.

Die heute sich vollziehende globale Revolution ist eine konsequente Folge unserer modernen industriellen Produktionsweise, die immer nach weltweiten wirtschaftlichen Beziehungen und Verflechtungen strebt. Nationale Grenzen und rechtliche Einengungen können die globale Ausbreitung mehr oder weniger behindern, nicht jedoch verhindern. Allerdings darf damit nicht zwangsweise die Ideologie des Neo-Liberalismus verbunden werden. Es liegt in der gesunden Entwicklung des Wirtschaftslebens, dass sich die Unternehmen weltweit immer mehr verflechten. Der Wirtschaftsorganismus strebt aus seinen eigenen Tendenzen heraus zu einem Ganzen, zu einem Spinnweben-System fein geknüpfter Beziehungen und Verflechtungen über die ganze Erde. Gerade das schafft den Menschen die Möglichkeit, eine erdumspannende Verbindung mit allen ihren Schwestern und Brüdern auf der ganzen Welt zu erfahren.

Bedürfnisse und Fähigkeiten

Was diese menschheitliche, an sich großartige Entwicklung aber gefährlich macht, ist die Macht falscher, nicht der Sache gemäßer Begriffe, die im Wesentlichen aus einem falschen Geld- und Kapitalbegriff resultieren: Eigentum an den produktiven Mitteln (einschl. Grund und Boden), Lohnarbeit (Arbeitskraft als Ware) und Profit (shareholder value) als Wirtschaftsantrieb. Diese drei Begriffe sind noch ein Überbleibsel aus der mittelalterlichen, zünftischen Produktionsweise, unangemessen einer modernen, postindustriellen Unternehmerwirtschaft. Ein solches Nicht-Verstehen der Wirklichkeit führt aber in der Konsequenz zu einer Verletzung des menschlichen Wesens und damit der menschlichen Würde.

Rudolf Steiner hat die Gefährdungen einer seelenlosen Ökonomisierung sehr deutlich gesehen: *«Was die moderne Welt zugetrieben hat der im modernen Kapitalismus liegenden Vermehrung des Kapitals, im Wachsen des Kapitals, das hat eben auf der anderen Seite … verknüpft mit dem Aufkommen des Kapitalismus die Interesselosigkeit, die wir in der modernen Menschheit gerade für die tiefsten Impulse der menschlichen Seele finden.»*[34] Bedürfnisse und Fähigkeiten gehören aber zum Wesen und Schicksal des Menschen. Arbeit richtet sich immer auf die Bedürfnisse des anderen Menschen. Damit zeigt sich in der Arbeit das Urbild einer sozialen Geste. Ich brauche den anderen Menschen damit ich meine Anlagen und Fähigkeiten weiter entwickle, der andere Mensch braucht aber mich, damit er ein würdiges Dasein auf der Erde fristen kann – und umgekehrt. Geben und Nehmen, Opferkraft und Dankbarkeit, beides hat im Schicksalsausgleich einen gleichwertigen Rang.

Interesse am Anderen

Unsere Fähigkeiten, zeigt Rudolf Steiner, sind die Früchte vergangener Erdenleben. Durch die Arbeitsteilung ist das Prinzip der Brüderlichkeit Gestaltungselement der wirtschaftlichen Beziehungen geworden. Arbeitsteilung und Spezialisierung, aber auch die Mechanisierung und Virtualisierung im Produktionsprozess bedürfen aber der bewussten Ergänzung: des Interesses an dem anderen menschlichen Wesen. Im Vollzug dieser Tätigkeit für das bedürftige andere Wesen realisieren wir aber einen tiefen Zukunftsimpuls: das Interesse an dem anderen, die Liebe, die sich hier in einem freien Akt verwirklicht, wird zum Gestaltungsimpuls für die Zukunft, für einen neuen Erdenzustand.

Jegliche Art von Arbeit für eine materielle Entlohnung verhindert aber solche Impulse einer zukünftigen Humanität. Rudolf Steiner spricht dies wiederum in deutlicher Radikalität aus: *«… dass in der Tat in einer Weltordnung, in der man daran denkt, Lohn und Arbeit müssten sich unmittelbar entsprechen, in der man sozusagen für seine Arbeit dasjenige verdienen muss was zum Leben notwendig ist, niemals eine wirkliche Grundüberzeugung von Reinkarnation und Karma gedeihen kann.»*[35]

An die Stelle des eigenen Vorteils wird mehr und mehr das Interesse an den Mitbrüdern und Schwestern treten. Dazu bedarf es aber einer Weltanschauung, die das Wesen des Menschen erfasst. *«Das, was allein helfen kann, ist eine geistige Weltanschauung, welche durch sich selbst, durch das, was sie zu bieten vermag, sich in die Gedanken, in die Gefühle, in den Willen, kurz in die ganze Seele des Menschen einlebt … Bei Menschen ohne eine auf den Geist sich richtende Weltanschauung müssen nämlich notwendig gerade diejenigen Einrichtungen, welche den materiellen Wohlstand befördern, auch eine Steigerung des Egoismus bewirken, und damit nach und nach Not, Elend und Armut erzeugen. – Es ist eben in des Wortes ureigenster Bedeutung richtig: nur dem einzelnen kann man helfen, wenn man ihm bloß Brot verschafft; einer Gesamtheit kann man nur dadurch Brot verschaffen, dass man ihr zu einer Weltauffassung verhilft.»*[36]

Von der Tauschwirtschaft über die Geldwirtschaft zur Fähigkeitenwirtschaft

Die gesellschaftliche Entwicklung hat gewaltige Umwälzungen mit sich gebracht – unser Denken ist jedoch in alten Formen stehen geblieben. Von der Tauschwirtschaft, deren Funktionsprinzip der Warenaustausch war und die auf der unmittelbaren Bearbeitung der Natur (Grund und Boden) beruhte sind wir beim Hereinbrechen der Neuzeit übergegangen zu einer Geldwirtschaft, mit der ursprünglich die Menschenrechte und die Menschenwürde gerade durch die moderne «freie» Arbeit der Menschen sichtbar wurde. Da aber bewusstseinsmäßig der Schritt nicht vollzogen wurde, blieb man bei dem alten Begriff der Lohnarbeit stehen. So konnte zwar in der Realität, aber noch nicht im Bewusstsein der Menschen, der Schritt zur Fähigkeitenwirtschaft getan werden, in der freie Individualitäten für ihre Mitmenschen tätig werden und in Freiheit über das Kapital, das durch den menschlichen Geist erzeugt wurde, verfügen.

Menschliche Bedürfnisse sind Ausgangspunkt und Zielrichtung allen Wirtschaftens. Wirtschaftswerte entstehen durch Verwandlung der Natur durch menschliche Arbeit und durch Fähigkeiten (Geist), die die Arbeit organisieren – immer gerichtet auf die Befriedigung der Bedürfnisse der Konsumenten. Sowohl der Naturgrundlage (ökologische Dimension: nachhaltiger Schutz der Natur) wie auch der menschlichen Arbeit (sozioökonomische Dimension: «Recht auf Arbeit») gegenüber müssen wir ein ganz neues Wahrnehmen, Denken und Empfinden entwickeln, aus dem ein kreatives und tatkräftiges Sozialgestalten hervorgehen kann.

Hier sei kurz der Prozess der wirtschaftlichen Wertebildung beschrieben. Wir nehmen den Ausgangspunkt in der menschlichen Arbeit und damit in dem Urphänomen des sozial tätigen Menschen. Arbeit richtet sich immer auf die Erzeugung eines Gutes, einer Leistung zur Befriedigung der Bedürfnisse eines anderen Menschen. Eine soziale Urgeste drückt sich darin aus: der eine Mensch steht als bedürftiges Wesen in der Welt, der andere – als ein mit Fähigkeiten begabtes Wesen – ist vorbereitet, dessen Bedürfnisse zu befriedigen. Die Richtung dieses Prozesses wechselt permanent. Jeder hat bestimmte Fähigkeiten, die er dazu nutzen kann, die Bedürfnisse seiner Mitmenschen zu befriedigen. Andererseits hat er auch selbst vielfältigste Bedürfnisse und ist somit auf die Arbeitsleistungen anderer Menschen angewiesen. Fähigkeiten und Bedürfnisse: beide sind geprägt aus der Individualität eines jeden Menschen.

Damit zeigt sich die Arbeit aber in einer Polarität stehend: geführt wird sie aus den Fähigkeiten, sozusagen aus der Innenwelt des Menschen, gestaltend wirkt sie in der Außenwelt. Erst wenn das «Werk» für den anderen sichtbar wird, erhält das Produkt seinen (wirtschaftlichen) Wert.

Arbeitslosigkeit und gleichzeitig unbefriedigte Bedürfnisse

Wann immer «Arbeitslosigkeit» entsteht, bei andauerndem Vorhandensein von unbefriedigten Bedürfnissen, stimmt die Wirtschaftsorganisation nicht. Rudolf Steiner gab hier schon 1921 im Anblick einer aufkommenden Massenarbeitslosigkeit einen drastischen Kommentar, der vielleicht erst heute im Ausblick auf bisher ungeahnte Arbeitslosenheere, der so genannten 20 : 80 Gesellschaft[37], in der 20 Prozent der arbeitsfähigen Bevölkerung ausreichen, um die für alle notwendigen Waren und Dienstleistungen zu produzieren, wirklich verstanden werden kann: *«Arbeitslosigkeit! Menschen können nicht Arbeit finden! Sie muss aber doch da sein. Denn die Menschen sind da. Und es kann im gesunden Organismus die Arbeit, die nicht getan werden kann, nicht eine überflüssige sein, sondern sie* muss *irgendwo* fehlen. *Soviel Arbeitslosigkeit, soviel Mangel. Das spricht aber deutlich dafür, dass Arbeitslosigkeit nur in der allgemeinen Gesundung der wirtschaftlichen Institutionen ihr Gegengewicht finden kann. Das chaotische Zusammenwirken von Politik, Geistesleben und Wirtschaft untergräbt diese Gesundung.»*[38]

Es müssen neue Formen gefunden werden, wie das Wirtschaftsleben funktional, horizontal und vertikal gegliedert werden kann, damit nachhaltig ein gesunder Zusammenhang zwischen menschlichen Bedürfnissen und Fähigkeiten entstehen kann. Rudolf Steiner nennt solche Organe Assoziationen, die aus den unmittelbaren Verhältnissen, in einem wirklichen Zusammenwirken von Angebot und Nachfrage, von Konsumenten und Produzenten, entstehen müssen.

Den Fortschrittsgrad einer Gesellschaft kann man daran messen, wie weit menschliche Fähigkeiten und Bedürfnisse individualisiert wurden, d. h. wie weit Menschen aus ihrer Freiheit heraus für andere Menschen tätig werden können *(Liberté).*

Der vormalige deutsche Innenminister Otto Schily hat dieses Phänomen sehr treffend charakterisiert: *«Die gesellschaftliche Organisation der Arbeit ist heute noch weit entfernt, die kulturelle und geistige Dimension der Arbeit zur Entfaltung zu bringen. Die Würde des Menschen als geistiges Wesen wird in der gesellschaftlichen Organisation der Arbeit keineswegs anerkannt. Sonst wäre es undenkbar, dass die Arbeitskraft als Ware behandelt wird.»*[39]

Arbeitsteilung, Fremdversorgung, umfassend-kollektive Produktionsweise sind die Prinzipien der modernen Wirtschaftsgesellschaft. Kein Gebiet der Erde ist heute mehr in der Lage, sich selbst zu versorgen. Nur eine umfassende, erdumspannende Zusammenarbeit kann den Bedingungen der postindustriellen Produktionsweise gerecht werden.

Die «Global Players» wissen dies; sie müssen aber noch von der «Repression» des «Shareholder Value»-Denkens und der Ideologie des egoistischen Profitstrebens befreit werden. Die moderne Produktionsweise, nämlich das umfassende Tätig-Sein für eine andere Menschengruppe oder einen anderen Menschen, erfordert für das 21. Jahrhundert auch das ökonomische Funktionsprinzip der solidarischen oder brüderlichen (geschwisterlichen) Zusammenarbeit *(Fraternité).*

Joschka Fischer, der frühere deutsche Außenminister, beschreibt, wie Europa den Herausforderungen der Globalisierung gerecht werden kann: *«Es gibt zwei unterschiedliche politische Angebote für diese nicht auf-*

zuschiebende Modernisierung: die neoliberale Modernisierung und die sozialökologische Modernisierung ... der Neoliberalismus setzt dabei auf Besitzegoismus und Konflikt, der Sozialökologismus auf Solidarität und Konsens ... Solidarität und Gerechtigkeit werden die elementaren Werte dieser Modernisierung sein müssen.»[40]

Das Strömen der Wirtschaftswerte, deren Entstehen oben beschrieben wurde, ist begleitet von den Rechtsvorgängen: des zur Mitarbeit-Verpflichtens der «Werktätigen» beziehungsweise des Berechtigens zum Bezug der produzierten Güter durch die Konsumenten. Diese Rechtsvorgänge werden vermittelt durch das Geld. Das Geld als Rechtselement reguliert diese rechtlichen Beziehungen – das Geldwesen wie unser gesamtes Rechtsleben muss auf eine demokratische Grundlage gestellt werden. So können die Rechtsvorgänge in einem neuen «Vertragen» nach dem Maße der Gleichheit gestaltet werden *(Égalité)*.

Freiheit – Gleichheit – Brüderlichkeit

Freiheit, Gleichheit, Brüderlichkeit sind die Funktionsprinzipien einer modernen auf Selbstverwaltung aufgebauten Gesellschaft. Sie hat nur dann das Maß des Menschen, wenn sie seinem Wesen entsprechend dreigegliedert wird: Freiheit im Geistesleben, Gleichheit im Rechtsleben, Brüderlichkeit im Wirtschaftsleben (Rudolf Steiner).

Joschka Fischer stellt sich zumindest grundsätzlich auf die bedeutendsten Werte der europäischen Geistesgeschichte. *«Die alles überragenden Traditionen, auf denen Europa gründet, sind aber bis auf den heutigen Tag die Werte der Aufklärung und der Großen Französischen Revolution: Freiheit, Gleichheit und Brüderlichkeit. Auch ein zusammenwachsendes Europa wird keine besseren Grundwerte finden ... Dies ist der eigentliche politische Sinn der gemeinsamen europäischen Währung und zugleich Europas historische Antwort auf das 21. Jahrhundert und das Zeitalter des Globalismus.»*[41]

Die Dreigliederung des sozialen Organismus als drängendste Zeitforderung gäbe die Grundlage ab, die großen Ideale, die seit der Französischen Revolution die Sehnsüchte der modernen Menschheit ansprechen, aber auch das Soziale Hauptgesetz in seinen sozialen Konsequenzen erscheinen zu lassen. Erst wenn die drei Ebenen, das Geistesleben, «das im wesentlichen beruht auf den menschlichen Fähigkeiten»[42], das Wirtschaftsleben, in dem man es zu tun hat mit der Erzeugung, der Verteilung und dem Verbrauch von Waren und das Rechtsleben, in dem es um die Beziehungen zwischen den Menschen geht, eigenständig und aus ihren verschiedenen Bedingungen heraus gestaltet werden, wird sich das soziale Leben gesund entfalten können. Im gegliederten sozialen Organismus lässt sich die Forderung des Sozialen Hauptgesetzes, «dass für die Mitmenschen arbeiten und ein gewisses Einkommen zu erzielen zwei von einander ganz getrennte Dinge sind», zu sozialer Wirklichkeit bringen.

Jeder, der einer bestimmten Rechtsgemeinschaft zugehörig ist, hat als Mensch ein Recht auf ein Einkommen, welches ihm ermöglicht, ein menschenwürdiges «Auskommen» zu haben und damit in Menschenwürde zu leben. Erst auf einer solchen Grundlage, dass ihm die Lebensgrundlage von der Gemeinschaft gewährt wird, kann er aus Freiheit heraus seine individuellen Fähigkeiten in der produktiven Tätigkeit für die Gemeinschaft einsetzen. Das Einkommen wird zum Recht, das in der Zugehörigkeit zu einer Produktionsgesamtheit gegründet ist. Die Arbeit hingegen erfolgt aus der individuellen Initiative eines jeden Einzelnen im Rahmen des arbeitsteiligen Ganzen. So werden Arbeit und Einkommen im Rahmen der modernen arbeitsteiligen Produktionsweise zwei «ganz getrennte» Dinge. *«Mir scheint es notwendig, den Blick auf die Gestalt des gesunden sozialen Organismus zu richten, wenn es darum geht, die Grundübel im sozialen Leben der Gegenwart und näheren Zukunft anzugehen, zu denen das Problem ‹Arbeit gegen Lohn› gehört, das dem sozialen Hauptgesetz widerspricht, aber auch die Probleme ‹Gewinn als Unternehmensziel› und privatwirtschaftlich geregeltes käufliches ‹Eigentum an Produktionsmitteln›. Es liegt also die Notwendigkeit vor, ein allgemeines Verständnis dafür zu wecken, dass das Erkennen von Gestalt und Wirklichkeit des ‹sozialen Organismus› zur Grundbildung der Kulturmenschheit gehört.»*[43]

Damit wird unsere Aufgabe für die heutige Zeit deutlich: das Soziale Hauptgesetz im Zusammenhang mit dem dreigliedrigen sozialen Organismus zu erkennen und zu verstehen, vielfältigste Ansätze in künstlerischen Varianten in den verschiedensten sozialen Zusammenhängen zu erproben und sowohl die Erkenntniserfahrungen wie auch die praktischen Erfahrungen einem größtmöglichen Kreis von Menschen zugänglich zu machen. So kann die Wirklichkeit dieses für die soziale Welt so grundlegenden Gesetzes innerhalb eines überschaubaren Zeitraumes auch in der Tatsachenwelt zur Erscheinung kommen.

Richard Steel

Die Begegnung von Ich mit Ich

als Keim zur Spiritualisierung des Lebens[1]

Zunächst möchte ich im Namen der Region einen Dank ans Humanus-Haus aussprechen, dass unsere Tagung wieder hier stattfinden kann. Diese Tagungen haben hier ja begonnen und vielleicht ist es in diesem Jahr möglich, in neuer Weise an diesen ursprünglichen Impuls anzuknüpfen. Wir treffen uns auf dem Hintergrund einer ernsten Zeitlage, nicht wissend, wie sich diese weltpolitische Spannung auswirken wird; wie und wo sich die Kriegswirren ausbreiten werden.

Es ist anscheinend ein neuer Ost-West-Gegensatz entstanden, da man ohne nicht leben konnte. Diesmal hat er aber weniger politische Färbung – Kommunismus gegen Marktwirtschaft – sondern einen pseudoreligiösen Anstrich: Christentum gegen Islam. Daher ist es gut, dass wir gerade dieses Jahr als künstlerischen Auftakt der Tagung «Nathan der Weise» sehen durften, mit dieser starken Aussagekraft. Die Verbindung zwischen den Weltreligionen ist tatsächlich ein ganz dringendes Aufgabengebiet, das in der Anthroposophie zwar veranlagt ist, das aber doch in Wirklichkeit nur über konkrete Menschenbeziehungen angegangen werden kann.

Das ist die eine Frage, die die Gegenwart aufwirft; die andere ist die Frage nach der Stellung Europas, oder der Aufgabe Europas. Wir haben dieses Wort über «das neue und das alte Europa» gehört. Sicher war es ein politischer «Ausrutscher», aber gerade als solcher sehr aussagekräftig. Möchte Amerika Europa wieder spalten? Wie werden die Verhältnisse zwischen Amerika und Europa aussehen, in einer Zeit, wo die alten Transatlantik-Pakte und die Nato keine wirkliche Aufgabe mehr haben und die EU sich anschickt, eine recht zweifelhafte «Ost-Erweiterung» zu machen?

Müssten wir nicht – auf dem Hintergrund dieses Gegenwartsgeschehens – tatsächlich noch mal ganz ernst und gründlich über die Aufgabe unserer Region als Camphill-Gemeinschaft nachdenken?

Früher hatten wir die Aufgabe von Dr. König übernommen, uns mit den Evangelien zu beschäftigen, die mit den beiden Teilen der damaligen Region «verwandt» sind: Das Matthäus-Evangelium mit dem Genfer See und das Lukas-Evangelium mit dem Bodensee. Dazu kam dann die intensive Bemühung um die soziale Dreigliederung.

Heute sind wir – äußerlich gesehen – auch mit einer «Osterweiterung» beschäftigt: mit den Initiativen und Pionierphasen in den Ländern, die zwar eigentlich deutlich Teil Mitteleuropas sind, doch als ehemalige sozialistische «Satelliten» als «Osten» betrachtet worden sind und sicher auch bewusst von Mitteleuropa – beziehungsweise vom Westen Europas – abgetrennt waren. Ich meine damit zunächst Polen, Rumänien, Tschechien und Ungarn.

Was ist denn die unmittelbare Aufgabe Mitteleuropas? Sie hat auf jeden Fall mit der Dreigliederung zu tun – mit der Dreigliederung des sozialen Lebens; aber als Konsequenz eines an sich umfassenderen Prinzips der Dreiheit. Über die Grundforderung des Michaelischen Zeitalters, in Dreiheiten zu denken, hat Rudolf Steiner öfter gesprochen, z. B. im Zyklus «Die Sendung Michaels».[2]

Ich möchte aber heute die Vermutung aussprechen, dass diese Arbeit mit Dreiheiten nur einen Anfang bildet. Man könnte vielleicht sagen, nur eine Voraussetzung ist für eine noch viel größere Dimension, die hin und wieder angedeutet wird, z. B. mit dem «vierten Geheimnis» in Goethes Märchen.

Da die Dreigliederungsbewegung nicht die Schlagkraft hatte, die sie hätte haben sollen, da zum Ersten noch der Zweite Weltkrieg dazukam und dazu noch die Entwicklungsphase über die Welt rollte, an deren Ende wir heute stehen: damit meine ich das so genannte Wirtschaftswunder! Diese Auswirkungen einer Zivilisation, die *nicht* von der Dreigliederung maßgeblich beeinflusst werden konnte, blenden uns und lenken uns ab von der eigentlichen Gefahr und von der grundlegenden Aufgabe, die uns heute unmittelbar bevorsteht: Es geht um das Ichwesen des Menschen selbst.

In Zusammenhang mit der sozialen Dreigliederung sprach Rudolf Steiner einmal von der dadurch anzustrebenden «Befreiung des Menschenwesens».[3] Heute – fast 100 Jahre später – muss man eher von der *Rettung* des Ichwesens sprechen. Ich brauche es nicht weiter auszuführen; wir können alle Zeitung lesen.

Schauen wir dasjenige an, was unser Leben in der heutigen Gesellschaft vordergründig prägt – das Wirtschaftsleben. Damit meine ich das alltägliche Konsumleben und Geldgerangel, in dem wir alle irgendwie stehen. Ich meine aber auch die Verschiebung der gesellschaftlichen Werte, die im letzten Jahrhundert vor allem stattgefunden hat, wodurch wirtschaftliche Kriterien sich jetzt mehr auswirken als in der Zeit der Parolen vom lebensunwerten Leben.

Wenn ich einen Satz vorlesen darf, werdet Ihr merken, wie genau er die Zeit der so genannten Globalisierung charakterisiert. Dabei habe ich überlegt, ob ich vorweg verraten soll, dass der Satz von Rudolf Steiner stammt, oder ob ich Euch raten lasse, welcher unserer Zeitgenossen ihn geprägt haben könnte. Also, aus dem Jahre 1919[4]:

> «Der Egoismus der heutigen Wirtschaftsordnung ist eine Summe von realen Lügen.»

Bitte merkt genau die Formulierung! Heute muss das Ich in Formen leben, die ihm gar nicht entsprechen, die sogar absolute Illusion darstellen – reale, sozial wirklich gewordene Lügen.

Heute möchte ich die Frage stellen, die ich für die nächsten Jahre als dringendste Aufgabe des mitteleuropäischen Geistes sehe: Wie schaffen wir *reale Wahrheiten?*

Es ist eine Illusion, eine Wirklichkeit gewordene Lüge, dass das Ich des Menschen so einfach einen Bezug zum Weltganzen finden kann, wie es die Globalisierung suggeriert. Das bedeutet, dass wir in einer sozialen Wirklichkeit leben, die aus Lügen gebaut ist und aufgefordert sind, aus uns selbst heraus *reale Wahrheiten* zu schaffen. Man kann das auch nennen «aus dem Geiste heraus, aus geistiger Erkenntnis eine neue Realität zu schaffen.»

Ein gangbarer Weg. Die Brücke über den Abgrund

Der Sprung vom Einzelnen zur Globalität geht – wie wir gesehen haben – nicht: Also gilt es, Stufen zu schaffen, die einen solchen Weg vom Einzelnen ausgehend – also vom Ich ausgehend – baut.

Die erste Stufe ist aber dasjenige, was Rudolf Steiner vielfach als Motiv einer modernen inneren Schulung dargestellt hat: In der Überwindung des Egoismus findet das Ichwesen erst zu sich selbst, zum «höheren Ich» sagen wir, weil das Wort «Ich» heute benützt wird für die Wahrnehmung, das Bewusstsein von unserem «Ausgangspunkt».

Wie kommt also das eigentliche Ichwesen zur Entfaltung? ist die Frage. Gleich zum Einstieg in diese Frage möchte ich daran erinnern, wie die Kräfte des höheren Ich in der Schicksalsgestaltung wirken. *Trotz* der Hindernisse, die wir aus unserem Intellekt heraus in den Weg legen, *trotz* aller äußeren Hindernisse kommen doch die Schicksalssituationen, die vom sich weiterentwickelnden, sich entfaltenden Ich zeugen, immer wieder durch. Fast urbildlich sehen wir das am Beispiel Kaspar Hausers, wie er trotz allem – gerade weil eine starke Individualität wirkte – zu den entscheidenden Schicksalsbegegnungen kam, die nach und nach seine wahre Herkunft und Aufgabe «freilegten». Deswegen musste er sterben, weil sein wahres Ich durch den Schicksalsumkreis langsam *doch* sichtbar wurde. Ich möchte uns gerade in Hinsicht auf unser Thema – indem wir versuchen, die soziale Dreigliederung in der heute möglichen Form aufzugreifen – an den Zusammenhang mit Kaspar Hauser erinnern. Weil er nicht sein Schicksal ausleben durfte, konnte Rudolf Steiner nicht geschichtlich anknüpfen, und seine Impulse warten noch heute.

Kaspar Hauser und die Ich-Identität

Doch auch in unserer Alltagsarbeit, mit den Betreuten, werden wir immer wieder mit dieser Frage – dieser Kaspar-Hauser-Frage – konfrontiert, wie das eigentliche Wesen, trotz aller Verhinderung und Behinderung und vielleicht gerade durch die Schicksalsbegegnungen, immer mehr zur Erscheinung kommen kann. Wir erleben es doch auch immer wieder ansatzweise, wie etwas aus dem «Nachtbereich» herüberwirkt.

Das ist die zentrale Frage bei der Ich-Entwicklung, weil wir das Ich nicht tagsüber so zur Verfügung haben: Wie kann es aus der Nacht heraus, wo wir uns jedes Mal wieder damit verbinden, in den Tag hinein wirken?

In drei Schritten können wir aber auch konkret das Nachtgeschehen «aktivieren». Wenn wir es schaffen, *Neues*, Willenshaftes in unser gewordenes, altes Menschsein hineinzubringen, verbinden wir uns mit den Hierarchien im Schlaf, die erst dann wieder helfen können, unser Schicksal stärker zu ergreifen!

Das Gedankenleben kann nur, wenn es nicht materialistisch ist, sondern Idealistisches, Geistiges enthält, von den *Engeln* aufgenommen werden im Schlaf.

Erst dann, wenn in unserer Sprache, in unseren Gesprächen, nicht nur Äußeres und nicht nur Kritik ist, sondern wenn Idealismus, Begeisterung enthalten ist, können wir die *Erzengel* erreichen.

Und erst wenn für unser Tun neue Motivation gefunden wird, wenn tiefes Interesse und Menschenliebe Grundlage unserer Arbeit wird, dann erreichen wir die *Archai*.

Das Soziale auf den Kopf stellen

Machen wir diese Schritte wirklich? Ist unser Alltag davon wirklich durchdrungen? Es ist nichts anderes als die Frage nach einem wirksamen, modernen *Geistesleben*. Freies Geistesleben lässt den Geist frei wirken! Es wird deutlich – schon im Bereich des Geisteslebens muss Bezahlung der Arbeit überwunden werden, damit neue Formen entstehen können.

Nun zur zweiten Stufe. Da geht es darum, wie ein Ich sich mit einem anderen verbindet. Können wir soziale Zusammenhänge bilden, in denen es deutlich wird, dass der heutige Mensch für das Ich des *anderen* verantwortlich ist?! Es war wohl die erste Äußerung Rudolf Steiners überhaupt zur sozialen Frage 1898, dass er das «Soziologische Grundgesetz»[5] formulierte. Das markierte eine grundlegende Änderung in der Aufgabenstellung des Sozialen in der Menschheitsgeschichte. Diese Stufe ist aber noch nicht in Angriff genommen worden, obwohl man meinen könnte, dass gerade die Camphill Gemeinschaften ideale Übungsplätze sein müssten! Es geht um die Frage: Wie baut man soziale Zusammenhänge so, dass sie die Ich-Entwicklung des Einzelnen fördern?

Es ist deutlich – so wie das Kind die soziale Umgebung braucht, um gehen, sprechen und denken zu lernen – so braucht der erwachsene Mensch das Soziale, um wirklich das Ich zur vollen Wirksamkeit herauszubilden.

Mit diesem Thema hat sich Georg von Arnim viel beschäftigt und auch in unsere regionalen Tagungen einfließen lassen. Wir können einiges nachlesen über die Geheimnisse des Ich-Sinnes und über die Kraft des menschlichen Interesses («Bewegung, Sprache, Denkkraft», Verlag am Goetheanum).

Auf eine wesentliche Formulierung Rudolf Steiners macht er aufmerksam, ohne zu genau zu spekulieren, was er gemeint haben könnte. Es handelt sich um das «Hineinfühlen» in das Geistig-Seelische des anderen Menschen; um das tiefe Interesse für das Innere des Anderen. Es wird beschrieben, wie das eigene Seelische – gereinigt von Sympathie und Antipathie – in das Fremdseelische hineinschlüpfen kann. Auf den Schwingen dieses willentlichen, aktiven Interessenprozesses geht – so Steiner – eine «gewisse Kraft» vom Einen zum Anderen über. Was ist diese «gewisse Kraft»? Es ist etwas potentiell Wärmendes, Helfendes, Heilendes, was *mehr* ist, als ich normal, bewusst, äußerlich zur Verfügung stellen kann.

Ganz vorsichtig und behutsam möchte ich die Vermutung aussprechen, dass es sich direkt um die Christuskraft handelt, das Christuswesen selbst, das auf den Schwingen des aktiven Menscheninteresses und der Menschenliebe in diesen geheimnisvollen Prozess zwischen Menschen einbezogen werden kann.

«Wenn zwei Menschen in meinem Namen zusammen sind, bin ich mitten unter ihnen.» Dies ist eine *genaue* menschenkundliche Beschreibung. «In meinem Namen» heißt: mit der Kraft des Ich-Bin – im Prozess des Ich-Sinnes.

Dies scheint mir wirklich die Begründung eines neuen Bereiches des *Rechtslebens* zu sein, wo das Ich zur Schicksalsheilung beitragen kann.

Dann kommt die dritte Stufe, die sehr in der Zukunft liegt! Der Grundsteinspruch deutet aber diesen Weg: Dreimal wird geübt, damit das Menschen-Ich sich mit dem Welten-Ich verbinden kann. Wer ist denn das «Welten-Ich»? Zunächst wird es nur im mittleren Teil ausgesprochen: «Denn es waltet der Christuswille im Umkreis …»[6]

Im vierten Teil kann dann das Zukunftsziel dieser so verstandenen Ich-Entwicklung angesprochen werden: Das *Wir.*

Die große Frage steht da, wie für die Zukunft «Wir-Entitäten» entstehen können. Alte Formen werden es nicht mehr sein können, die früher die Aufopferung der Ich-Kraft gefordert haben, damit sie entstehen und erhalten werden konnten. Das haben wir vor allem als Reste und Überbleibsel in den heute ganz problematischen Staatsformen. Heute müssen «Wir-Formen» aus der Ichkraft entstehen. Sie sind nicht zu denken als «aus dem Geist gegeben», sondern aus Geist-Erkenntnis als *Wege zum Geist*. Im Grundstein ist das Entscheidende der heutige Weg des Willens: Der Spruch kulminiert mit dem «Wir … Wollen».

Gemeinsam zu wollen ist doch schwer! Die sozialen Formen, die man heute so hat, verhindern es sogar meist, weil sie woanders noch herkommen … wir dürfen doch auch nicht in *Chaos* leben! Oder brauchen wir doch etwas davon? Hat es mit dem zu tun, was Karl König in dem berühmten Brief an die Eltern geschrieben hat – aus dem Vertrauen leben, «ohne jede Daseinssicherheit»?[7] Wir fühlen uns gerne mit schützenden sozialen Formen, Verantwortungen, Ämtern, Versicherungen und dergleichen sicher und geborgen.

Ich erinnere mich, wie wir uns früher als Jugendinitiative immer am Rande dieses regionalen Treffens getroffen haben – in allen Pausen und bis in die Nacht – und uns gefragt haben, wie wir unseren jugendlichen Idealismus in die Zukunft hinein verwandeln können, damit aus diesem unbestimmten Wollen heraus etwas Neues für das Soziale werden kann. Nun stehen wir da als die Älteren der Region! Und doch bleibt dieser Aspekt etwas Neues, Jugendliches. Anthroposophie ist ein Jugendimpuls, weil sie aus der *Zukunft* kommt und wir sind gefragt, heute etwas daraus zu formen. Können wir uns als soziales Gebilde neu erkennen auf diesem

Wege zu fernen Zielen? Es ist vielleicht das, was Rudolf Steiner in dem 3. Aufsatz über das «Soziale Hauptgesetz» als *gemeinsame Mission* gemeint hat.[8]

Die Sozialgestalt braucht Wir-Verbindungen

Hier möchte ich aber gleich die vierte Stufe ansprechen, weil ich denke, dass die Frage der Mission einer einzelnen sozialen Entität erst dann klarer wird in dem Bemühen, von einem «Wir» zum anderen die Brücke zu schlagen! Es gibt nicht mal ein Wort für die Mehrzahl von «Wir»! Zumindest haben wir uns in anthroposophischen Kreisen die Mehrzahl von «Ich» – «Iche» angewöhnt; aber die Mehrzahl von Wir-Entitäten, die sich miteinander verbinden, um eine zukünftige Gesellschaftsstruktur zu bilden – dafür gibt es noch nicht die Begriffe!

Lesen wir den schon benannten Aufsatz aufmerksam weiter, finden wir aber etwas ganz Besonderes. Es wird deutlich, dass dieser Stufenweg dahin gehen muss, dass Gemeinschaften oder «Wir-Entitäten» zustande kommen, die aus einem neuen Geistesleben – mit anderen Motiven, als der Egoismus hergibt – miteinander in Verbindung kommen; solche Begegnungen freier Ich-Wir-Gruppen bewirken etwas von einer zunächst unglaublichen Dimension. Ich lese diesen Absatz:

Der Mensch, der bewusst in unserem Sinne in einer solchen Gemeinschaft lebt, wird «den Sinn erkennen, welcher mit der Menschengemeinschaft verbunden ist, welcher er angehört. Er wird die Verhältnisse begreifen, in denen seine Menschengemeinschaft sich zu anderen stellt; und so werden sich die Einzelgeister dieser Gemeinschaften zusammenfügen zu einem geistig-zielvollen Bilde von der einheitlichen Mission des ganzen Menschheitsgeschlechtes.»

Ein kleiner Schritt für den Menschen – ein großer Sprung für die Menschheit

Das ist doch ein hohes Ziel, das Rudolf Steiner in diesen Aufsätzen formuliert! Ich möchte es so interpretieren: Durch unser Tun können sich

Geistwesen verbinden – und durch die neue, von uns bewirkte Zusammenfügung der Geistwesen kann eine Imagination, ein Urbild einer neuen Menschheit entstehen! Das ist das Ziel unseres Weges aus der Einsamkeit des Egoismus: die eigentliche Mission der Wir-Verbindungen. Es geht um ein wirkliches *neues Wirtschaften*, in dem die Brüderlichkeit zur Bruderschaft der Menschheit werden kann – eine *wirkliche* Globalisierung!

Natürlich ist der erste Schritt ein großer – aus dem Egoismus heraus – aber er ist konkret und konkret begehbar! Der Aufbau kann von jedem Einzelnen ausgehen und alle Bemühungen, die wir haben, durchdringen; die Tagungen, die Räte, die Jugend, und so weiter. Wo soll dieser Prozess stattfinden, wenn wir es nicht aus dem Potenzial Camphills heraus machen?

Das Nichtvorhandene und das Nirgends-Sein

Dagegen steht natürlich unser Verstrickt-Sein in den Alltag, unser Festhalten an einengenden Formen. Wir müssten uns dann klar darüber sein, wenn das Gemüt trüb und resignierend wird – diesen Weg zu gehen ist nicht *deswegen* schwer, weil er aus der *Vergangenheit* kommt (wir können nicht mehr!), sondern gerade weil er in der Zukunft liegt! Wie in allen Mysterien, gilt es etwas zu tun, was eigentlich noch gar nicht möglich ist. Doch wenn es nicht jetzt durch Gruppen getan wird, wird es für die Menschheit später auch nicht zur Verfügung stehen!

Dr. König hat mit Camphill eine Mysterien-Aufgabe übernommen, die von Nicht-Eingeweihten gemacht werden muss, weil die modernen Mysterien so sind – sie sind *Willens*-Mysterien!

Es gibt eine seltsame Stelle in einem Vortrag, wo Rudolf Steiner über die Hintergründe des 1. Weltkriegs, über den «Vielvölkerstaat» Österreich spricht. Er führt etwas aus, was er nicht *direkt* sagt, sondern indem er über den Dichter Fercher von Steinwand spricht und ihn zitiert:

Es geht darum, dass immer die Christus-vorbereitenden Völker der Zersplitterung ausgesetzt waren: zum Beispiel die Juden, die Griechen. Das sieht er als Schicksal Mitteleuropas – wie moderne Zigeuner!

So ist es aber gekommen, und so aber muss die «mitteleuropäische» Aufgabe aufgefasst werden – nicht *nur* geographisch. Camphill erhob sich aus der Zerstörung Mitteleuropas, mit Kaspar Hauser als Anführer. Dagegen steht nur die Trägheit des Herzens (siehe das Buch von Jakob Wassermann: «Kaspar Hauser oder die Trägheit des Herzens»).

Die heilende Aufgabe der Mitte, des Herzens

Der Satz, den wir so gut kennen von Dr. König, den wir auf manchen Prospekten und in Aufsätzen zitiert haben, er zeugt von dieser Dimension Camphills. Der Satz steht wieder als Motto über unserer Tagung. Ich möchte aber etwas mehr als nur den einen Satz vorlesen, damit noch deutlicher wird, in welchem Zusammenhang er steht. Der Aufsatz von Karl König heißt «Vom Sinn und Wert heilpädagogischer Arbeit» und war im «Camphill Brief», Weihnachten 1965. Das heißt, König hat ihn wenige Monate vor seinem Tod geschrieben. Er ist wirklich vermächtnishaft! Er kann auch fast nicht anders verstanden werden:

«Eine umfassende Heilpädagogik gleicht dem sich entfaltenden Samen in einer faulenden Frucht.

Wir müssen nur die Idee der Heilpädagogik weit genug fassen, um ihrer wahrhaften Bestimmung ansichtig zu werden … Sie will zu einer weltweiten Tätigkeit werden, um der überall entstandenen «Bedrohung der Person» hilfreich entgegen zu treten … Das ist die einzige Antwort, die wir heute – insofern wir noch Menschen sein wollen – einer am Abgrund tanzenden Menschheit entgegenstellen können. Keine Philosophenkongresse, internationale Tagungen, religiöse Zusammenkünfte und wissenschaftliche Monsterveranstaltungen werden an diesem Totentanz etwas ändern. Dort will jeder nur sich selbst hören und muss – dem Rahmen gemäß – versuchen, sich selbst zur Geltung zu bringen.

Nur die Hilfe von Mensch zu Mensch – die Begegnung von Ich mit Ich – das Gewahrwerden der anderen Individualität, ohne des Nächsten Bekenntnis, Weltanschauung und politische Bindung zu erfragen – sondern einfach das Aug' in Auge-Blicken zweier Persönlichkeiten, schafft jene Heilpädagogik, die der Bedrohung des innersten Menschseins heilend entgegentritt.

Allerdings wird das nur dann wirksam sein können, wenn eine grundlegende Herzenserkenntnis dabei berücksichtigt wird.»

Gerade diese Weite der Idee der Heilpädagogik habe ich versucht darzustellen. Ihr werdet merken: ich habe nichts gesagt, was nicht hier schon enthalten ist!

Die Bedrohung der Person

Zum Abschluss einen Hinweis zu der Frage der «Bedrohung der Person». Obwohl ich nur einen Teilaspekt herausgreifen möchte, denke ich, dass dieser Aspekt mit aller Deutlichkeit heute angeschaut werden muss, denn diese Bedrohung ist – äußerlich zumindest – sehr anders geartet als damals. Oder ich könnte sagen: sie zeigt sich mit neuer Vehemenz; zwar weniger aus einer wilden Emotionswelle, sondern vor allem über den kühlen Intellekt.

Ich habe gestaunt, wie ich gelesen habe, was Rudolf Steiner schon im Jahre 1921 als Folge dieses Intellektes vorausgesehen hat. Es ist so ergreifend in Bezug zur heutigen Realität, dass ich diese eine Stelle nur vorlesen möchte:

«Sehen Sie, heute kann es den Menschen verhältnismäßig noch harmlos erscheinen, wenn sie nur diejenigen Gedanken ausdenken, automatische, leblose Gedanken, welche entstehen, wenn man erfasst die mineralische Welt … Aber bedenken Sie einmal, die Menschen dächten so fort … Die Erdenmenschen werden ihren Intellekt ja weiter automatisch entwickeln können; der kann sich auch innerhalb der Barbarei entwickeln; aber das Vollmenschentum wird nicht hineingezogen sein in diesen Intellekt, und die Menschen werden keine Beziehung haben zu denjenigen Wesenheiten, die sich ihnen hinunterneigen wollen ins Erdendasein herein … Und aus der Erde wird aussprießen ein furchtbares Gezücht von Wesenheiten, die in ihrem Charakter zwischen dem Mineralreich und dem Pflanzenreich drinnen stehen als automatenartige Wesen mit einem überreichlichen Verstande … dann wird die Erde überzogen werden wie mit einem Netz, einem Gewebe von furchtbaren Spinnen … Und der Mensch wird, insoweit er nicht seine schattenhaften intellektuellen Begriffe belebt hat, statt sein Wesen mit den Wesen, die heruntersteigen wollen seit dem letzten Drittel des 19. Jahrhunderts, zu vereinigen, er wird sein Wesen mit diesen furchtbaren Spinnengetieren vereinigen müssen.»[9]

Ich will diese Stelle nur so weit kommentieren, als nochmals hervorheben, wie Rudolf Steiner schon 1921 das heraufkommende weltweite Netz erlebt hat. Damals hatte er übrigens – zum Beispiel in den Evangelien-Zyklen – über die Geheimzeichen des Hebräertums gesprochen; wie Buchstaben und Zahlen im Hebräischen zusammenhängen. Die Buchstaben des heutigen weltweiten Netzes «www» entsprechen der Zahlenreihe im Hebräischen 666.[10]

Heute, indem wir immer mehr uns beginnen im Spinnennetz zu verstricken und der Intellekt sich fröhlich inmitten der Barbarei weiter entwickelt, stellt sich die Frage der Spiritualisierung.

Ich meine, die Spiritualisierung des Lebens *ist* der Weg des Ich in der Gemeinschaft. Es ist ein *Wärme*prozess über die gesamten Stufen, beginnend in dem Raum zwischen Ich und Ich. Es sind die Stufen, die aber klar in den Aufsätzen über das «Soziale Hauptgesetz», vor allem konzentriert am Schluss des dritten Aufsatzes, zu finden sind. Es ist der Weg des Ich zur Menschheit und zum Welten-Ich.

Ein Ich-Wort Rudolf Steiners

Zum Abschluss – gewissermaßen als Ausgleich zu dem düsteren Bild der Spinnen – möchte ich einen Spruch Rudolf Steiners lesen. Es ist wohl der letzte seiner Sprüche, geschrieben 1925 auf dem Krankenbett; die Todeskräfte sind bereits sehr deutlich in ganz Mitteleuropa am Werk – nicht minder auch in der Anthroposophischen Gesellschaft selbst. Soweit ich weiß, ist es auch der einzige Spruch, wo Rudolf Steiner das Wort «Ich» nicht allgemein benützt; nicht in dem Sinne, dass der Meditierende, der Spruch Benützende, sein eigenes Ich erleben soll (wie z. B. in den Kindergebeten), sondern diesmal meint er *sich selbst*. Persönlich und geschichtlich Schicksalhaftes spricht sich darin aus – aber sollten wir nicht damit auch erleben, dass wir uns weiterhin mit ihm direkt verbinden können?

Vielleicht kann dies aus dem Dargestellten heraus als eine Art Motto für das kommende Jahr dienen:

Ich möchte jeden Menschen
Aus des Kosmos' Geist entzünden,
Dass er Flamme werde
Und feurig seines Wesens
Wesen entfalte. –

Die andern, sie möchten
Aus des Kosmos' Wasser nehmen,
Was die Flammen verlöscht
Und wäss'rig alles Wesen
Im Innern lähmt. –

O Freude, wenn die Menschenflamme
Lodert auch da, wo sie ruht!
O Bitternis, wenn das Menschending
Gebunden wird da, wo es regsam sein möchte.

(in GA 40, «Wahrspruchworte»)

Rudolf Steiner

The Social Question and Theosophy

A public lecture given on October 26th 1905

The social question, which is to occupy us today, did not, as will immediately become clear for everyone, arise out of a mere idea or out of the undoubted need of a few people, but is a question that confronts us with facts as strongly and clearly today as ever. One who looks around just a little in the surrounding world will know what a distinct language these facts speak. It could well be that someone who does not want to hear this language of the facts will find out in the not too distant future that he has closed his ears too long to what was necessarily going on. With regard to the social question, the human being of the present is standing within the battle that is at times still playing itself out under the surface of our social order. One who wants to say, more or less precisely, how the social battle has increased in extent and violence doesn't need to go any further into externals, he needs only to draw attention to the violent workers,movement on the occasion of the work stoppage at Crimmitschau, to the miners' strike on the occasion of the lockout of the electrical workers, and, in sum, to what is going on in Eastern Europe. In all this we will have to discern the social question being lived out.

The reproach has often been addressed to Theosophy that it has a number of dreamers among its followers, that it seeks to work only in those areas to which one retreats from the great common questions of the time, where one wants to linger in leisurely contemplation of the human soul, and so they say: Theosophists are a few people who have nothing particular to do, who in an egoistical way want to retreat into the self and cultivate it in the manner of Theosophy. One easily makes the reproach to Theosophy that it wants to stand apart from the great battle of the day, from what touches humanity in the present time. The Theosophist should be setting this right again and again. He should ever and again point out that wherever there is something to investigate and think regarding warranted human affairs in the present, there the Theosophists must be, that he must have a clear heart and clear thinking, that he must not lose himself in some cloudy utopia, but rather must stand within the everyday, helping and caring.

And this other reproach can also easily be made: that Theosophy is touted as a universal cure for all the evils and injuries of the present. That also is otherwise. To be sure, it is claimed that Theosophy, the Theosophical movement, has something to do with all that must prepare itself in the present for a salutary future, but not like a mastering, not as a universal cure do we extol Theosophy; rather we only want to show that with it something so comprehensive is given that without it today we cannot progress in the most essential things that we should be concerned about, and that all speculation and reforming must remain half baked unless the human being approaches the matter with the Theosophical view.

The doctrines of thinkers about grand encompassing cosmic connections, about the universal law of world destiny and world events occupy us, in the inner circles of our Theosophical movement, not merely so we can gaze at the starry vastness at leisure, but rather because we know that these laws we are studying and which are active in the great world-all are also active in the human heart, in the soul, and in fact give this soul the capacity really to see into the life of the immediate present. We are sort of like an engineer who absorbs himself for years in his technical studies, but not in order to engage in contemplations of the mysteries of the calculus and marvel at them; rather we seek the laws which we then apply to human life, as the engineer builds bridges and applies the laws to reality.

There is also something here that is universal and widespread and opens up a further horizon. Who would dare to present thinking as a universal remedy, even though this thinking is necessary for what can happen in the cosmos? Theosophy is no dead matter, no dead theory. No, it is something life-awakening. It is not a matter of the concepts, the ideas that we take on. What is told here does not have the intention with the ideas as such, nor the intention of developing interesting notions about hidden facts, but rather, what is here passed before the human soul has a very special quality. Non-Theosophists may believe it or not, but one who has occupied himself with it knows that what I am about to say is correct in practice. One that has applied himself to how, in Theosophy, the world and life are considered will notice his life of the senses and of soul becoming something different from what they were before. He learns to think in another way and will observe human circumstances in a more unbiased way than previously.

We have a distant future in mind when we speak of awakening higher powers through inner development. But for the near future we also keep an eye on the life that we can bring about through Theosophical development: that is, the possibility of coming to a comprehensive, clear, and unbiased assessment of the human situations immediately surrounding us. Our culture, with all the scientific character which it has developed up to now, has come up with theories that are impotent regarding life. The Theosophical world-view will not produce such impotent theories. It will teach mankind thinking, awaken thinking forces in mankind that are not powerless regarding reality, but will empower us to take hold of human evolution itself, to take hold of the immediate conduct of life.

Let me bring in a little symptom that will further clarify what I mean to say. Recently a clear example in the political field was provided by a Prussian government councillor who went on leave to find work in America, to take part in and get to know conditions there. A state councilman is normally called upon to be active in human evolution. Taken in a higher sense, it is his duty and obligation to let something live in his heart that corresponds to real conditions and not merely to theories. And if he has nothing that chimes with the conditions, then his theory is impotent. This man, who for years previously had been called upon to deal with the human element, got to know the human element himself. Of course what I am saying entails not the least reproach against the individual man. This deed is to the highest degree honourable and bold, and admirable. But what he has written is a symptom of what is urgent. It shows the discrepancy in his orientation toward the world and toward workers.

Here are just a few words from his book *As a Worker in America* (4th edition, Berlin 1905, p.31). 'How often, earlier on, when I saw a healthy man begging, did I ask, with moral indignation, why doesn't the lout go to work? Now I knew why. In theory things look different from practice; even the most unappetizing aspects of the national economy are easy enough to handle at your desk.‘

There is no greater mark of poverty than when someone who is called upon to participate says that the theory which he had doesn't agree with the conditions. Here's the point at which one can take hold of the matter, just as logic enables people to think at all, and just as no one can become a mathematician, without manipulating logic, just so no one can develop the power of practical thinking without Theosophy. Look at the national economy that is overwhelming our development (free) market. If you set about looking into things with healthy, comprehensive thinking, Theosophical thinking, you will find that things that are supposed to be guideposts, emanating perhaps from university professors or party leaders, are gray theory suitable for being dealt with at the desk, but are useless when one is facing reality. Such things reveal themselves, for instance, at congresses. One just has to look more closely. Congresses in general bear this character. If those who busy themselves would care to descend into practical life, they would soon find that they are capable of nothing. Merely gazing at life doesn't do it. Nor can someone who judges from the standpoint of today's customary culture pass judgment on the women's question or the social question, nor can someone judge who merely looks at things, for nothing is done by that either.

Now if you were to ask this gentleman who wrote these words, what can lead to an improvement? Then you would find that he has only learned how it looks; but how things should be done, that is a different question altogether. It is also not a question that can be answered in an hour or a day. It can't be answered at all by theoretical debate. No Theosophist worthy of the name will say to you: I have this program for the social question, for the women's question, for the vivisection, or about the care of animals and so forth, rather he will say: Put people who are Theosophists into the institutions dealing with all these questions, set such people in professional chairs of national economy; then they will have the ability to develop the thinking which will lead to making the single branches of their activity into guideposts in the realm of public life. As long as this is not the case, people in this realm will be charlatans and will have to witness the world collapsing around them, and how this idle circumlocution in congresses shows itself in its uselessness.

I say this not out of fanaticism, rather from what in every Theosophist is a real Theosophical attitude, real Theosophical thinking. Theosophical thinking develops clarity about the various realms of life, a clear, objective view of the forces and powers working in the world. To look at the matter rightly, that is what Theosophical life enables you to do. Therefore Theosophy is not a panacea in the ordinary sense, rather it is the foundation of contemporary life.

After these introductory words let us give a few indications about what has given our social question, as it arises from the facts, its special stamp. Whoever wants to see what will happen must know the laws of becoming, may not have gray theories, must know the laws of the becoming of humanity. We cannot find these laws through some sort of abstract science. Theosophy does not proceed abstractly. It proceeds from clear contemplative thinking. And so let me indicate with at least a few words how the life of today has shaped itself, how this life today has come to be. One who looks more closely at life will realize that some self-knowledge also belongs in these realms in order to see clearly. First I will picture the outer facts, then I will say a few things concerning what it is actually all about.

Every one of us knows what the human being needs in order to live. We all have an idea of what food and clothing we need. A few figures will tell us how much the majority has of all these. All we need to do in this regard is to examine the tax structure. It has been told over and over, but we can bring it to mind again and again. In Prussia, someone who has an income of less than 900 marks pays no taxes. One can very easily check how many people in Prussia have an income of less than 800 or 900 marks. That's 21 million people. Ninety five percent of the total population have less than 3,000 marks income. Take England. Only those who have an income over 150 pounds are taxed. (...) You see, we have most ample figures that speak of how many people have what one must have as absolute necessity.

Look at statistics. They speak a distinct language. But what has that to do with our self-knowledge? A lot. For it is a matter of gaining the right standpoint for ourselves regarding these facts. And in this connection people let themselves miss out a great deal on what is right. What are people around us doing? What is the cause of their receiving this low income? It is what we give them for what they do for us. We are now making no distinction between workers and nonworkers, between proletariat and non-proletariat. For if one makes this distinction, then the matter is already entirely false. And that is the mistake of all our national economic considerations, that one does not proceed from self-knowledge, but rather from theory.

(The following sentences of the transcript reveal a few discrepancies, so that the original wording cannot be reconstructed. By the gist of it, Rudolf Steiner most likely described how every person lives from the products that another has produced. Even for someone out of work, whose means of livelihood are insufficient, products are produced. Even the seamstress working for starvation wages wears clothes that have been produced in turn for a starvation wage. Compare the paragraphs written in the same year in the essay 'Spiritual Science and the Social Question', in Lucifer-Gnosis.)

And if in our emotions and perceptions we are able to feel a certain pain over the fact that clothes we have on have been produced for a starvation wage, then we are looking deep into the heart of the question. When in all this you think over what you wear in the way of clothing, what you put in your mouth for nourishment, where it comes from, only then will you grasp the social question in all its depth. Not through speculation, but rather through a living contemplation does one get an insight into what it is all about.

It isn't right when they say today's misery, even if we could portray it in its direst colors, is greater than it was in former centuries. That is not the case. We would decisively be committing a falsification of objective reality. Just try to study conditions objectively in the city of Cologne today and 120 years ago, and you will see that much has gotten better. And even so we have the social question. We have it because human beings have gone through yet another evolution, and this is because in large measure they have come to thinking, to self-consciousness, and because their needs have greatly changed. And there, if we study the question thus, we are indeed of necessity directed toward the broad contexts that arise for us in world history if we are not, like the modern researcher, too shortsighted. In order to judge these things it is necessary to get to know the great laws of life. What has brought it about that social affairs have taken this shape? It is the manner and method which the human spirit has taken on. Look back to the time of the French Revolution. At that time they demanded something else. It was a question tending more toward the juridical that brought out the ideal of *Liberty – Equality – Fraternity.* The French revolution heroes in Western Europe called for Liberty. Those now battling in Eastern Europe call for bread. It is simply two sides of the same coin, two different demands of human beings who have learned to put such questions because their souls have undergone a transformation.

This transformation of the soul we have to study more closely. We must study and understand why souls of the great masses of human beings today-and this will spread over the centuries-have come to these demands. At this point the Theosophical world conception comes in with practical application, underpinning our comprehension. Only someone who understands the case is qualified to judge it. The only one who is able to look into the soul is one who, in the great world framework, sees what is going on in this soul. And only one who understands something of the laws of the soul is able to effect something in souls and lead into the future.

A small side remark: The sciences of today, biology, Darwinism, Haeckelianism, have brought us great ideas. So also the idea that each living entity, in the first stages of its existence, even in its germinal state, recapitulates the forms of life that have previously been gone through out in nature. This brief recapitulation of the various stages occurs also in that being which includes them all, climbing higher on the ladder of evolution than all others: the human being. Assume that a spirit had consciousness at a time before there were any human beings, then he would have had to know no only what had already happened, but he would also – by contrast – have had to form a picture of future evolution. He would have had to form a picture for the future out of the animal condition of that time. Only the human being, who in his germinal configuration recapitulates the preceding conditions, can show us what to do. It is the doing that must pass beyond all knowing. No knowing occupies itself with anything but what was. But if we want to work into the future, we have to do things that haven't been there yet. The great laws that are to be realised in the future show us this. In a certain way everything that is to come about in the future has already been there in the past, namely through intuition. A spirit who had intervened at that time would have had to have had intuition in order to be able to find out about the hidden laws of existence that apply to the past and the future. That is why Theosophy cultivates intuition. That is what reaches out beyond the mere physical experience of the world. Theosophy looks for the laws that are to be cognised by intuition and which leads us into the future of the human race.

One of these great world laws that can be a guide for us is the law of reincarnation. First, it renders understandable for us how, in higher spiritual realms, what obtains as law is nothing else but what Darwin and Haeckel have intimated. It renders comprehensible why this or that was felt as a need in any given age. One who steeps himself in this knows the last time in which there was life thirsting for universal freedom, when human beings took up impulses for which they should be calling today. The ones who today call for liberty and equality – I say this with the same objective certainty with which the natural scientist has spoken about the physical – all those souls who today cry for liberty and equality have learned it at another stage of their existence, in an earlier incarnation. The greatest needs of the human being of today were embodied in the early time of Christianity, in the first Christian centuries. All human beings have taken up this press for equality, before which the human being of today stands in spiritual life. Christianity brought the message of equality before God. In times prior to that, there had been no such equality.

I do not say what I have just said in a derogatory way, I say it with the same sober objectivity with which I would speak of any scientific problem. If one considers the actual soul and everything which creates outward inequalities, the same soul that once took to itself as an impulse 'they are equal before God and before mankind' – when one considers the actual soul – finds that everything that determines outward inequality has no meaning for contemporary life. When the grave closes over us we will all be and become equal. What the soul has taken up lives on in the soul and emerges in a different form. If we consider cultural progress from the perspective of the macrocosm we come to tremendous implications regarding education. I have already drawn attention to what this pedagogy on earth was like in pre-Christian times. Let us look back into Egyptian times. A large number of people there were occupied with work, the difficulty of which a man of today can no longer estimate. They laboured willingly. Any why? Because they knew that this life is one among many. Each one said to himself: The one who is in charge of my work is like the person I will be sometime. This life must be compensated in different incarnations, for it directs itself out of this knowledge.

Linked with this is the law of Karma. What I have experienced in one life is either deserved or will be compensated for in later times. If it had merely gone on like that, however, then the human being would have overlooked the kingdom of the earth. This one life would not have been important to him. In that regard Christianity took measures for education in order to have this life between birth and death be of importance to him. It is merely illusory when Christianity deviates from that, for it has pointed strongly to the beyond; it has even made eternal punishment and eternal bliss a function of one life. Whoever believes that the one life is of primary importance learns to take this life seriously. It pivots around the truths that are suitable for the human being, and it is suitable for the human being to be raised in the idea of this one earth. Such were the two tasks: education for the importance of earthly life between birth and death, and, on the other hand, that outside this earthly life everyone is equal before God. This earthly life has been bearable only by being so considered that all are equal before God. Whoever looks at it that way will observe, in the development of mankind since the rise of Christianity, a descent into the physical world. More and more the human being feels committed to physical existence. Through this he transferred the importance of the rule of the equality before God more and more to equality in material existence itself.

That picture should not be misunderstood. The soul that 1800 years ago was accustomed to claiming equality for the beyond now brings the impulse for equality with it, but in connection with what is important today: 'equality before Mammon'. Please do not see a criticism or anything pejorative in this, rather the objective confirmation of a cosmic law of the developing soul. One must study the course of time this way. Then one will understand that the only one thing will again bring about in this soul a change in direction, an ascent, namely if we get the soul who is calling for equality back into the beyond. Toward the beyond we looked *up*, from the here-and-now we looked *out*. Today, due to this impulse, the soul is turned back upon itself. Today it seeks the same thing in the here-and-now. If it is to find an ascent again, it must find the spirit in the present, the inwardness, in the soul element itself. That is what the Theosophical world movement is striving for: to prepare the soul for the third stage, because it is filled with God, filled with divine wisdom, and will thereby again know how to place itself in the world, so that it will again find the harmony between itself and the surrounding world.

Such thoughts have value in giving direction. We can't bring this about form one day to the next. But we also cannot consider only four individual deeds. Every deed must stand under some influence. Then it becomes practical, then it is something, then it is no gray theory, rather immediate life, because we are looking into the workings of the soul.

Our national economists and our social theorists today so often say: the human being is only the product of outer circumstances. The human being has come to this because he has lived in these or those outer conditions. Thus speaks, for example, in earnest, social democracy, saying that the human being becomes what the environment makes of him, that because he has become a proletarian worker, due to the entire development of industry, he has also become one in his soul, the way he has evolved through just these conditions. The human being is a product of circumstances. We can often hear that. Let us study the conditions themselves, let us consider what is round about us, what we are most dependent on. Are we dependent merely on nature? No! We notice what we are dependent on only when we stand starving in front of the bakery and have nothing in our pockets to buy anything with.

All these conditions are made and put into effect in turn by human beings. The spirit that is evolving through history has brought these conditions about. People have thought up, out of concern for their own welfare, sometimes only shortly before, what obtains today; they simply insert it. Thus the one who thinks people are dependent on circumstances is reasoning in a circle, because the circumstances were brought about by people. If we picture this to ourselves we must say: it isn't a matter of the circumstances, rather we have to look at how the circumstances have come to be. It is idle to insist on saying: the human being is dependent on his circumstances. In fifty years the human being will also be dependent on the conditions that surround him. You can concede to every social democrat that the human being is dependent on circumstances, but on those that we cause today, that emanate from our disposition, from our soul. We create the social conditions! And what will live then will be the crystallized perceptions and feelings that we put out into the world today.

This shows us what it is all about: that one must learn the laws under which the world is evolving. It cannot be a matter of science, rather it can only be an intuition of what we must contribute as law. This comes directly out of a perception that seems most fantastic to most people, but which is much clearer and more objective than much of the fantastic fantasy of our scientists. One that can tell what lives in the soul and then crystallizes outwardly, can also, out of the wisdom, out of the divine in the soul, tell what an individual can spread out into the world and what is proper for humanity.

If in the future you want to have such circumstances around you, if you want to have it set up that way, as an institution which will satisfy people, about which people will be able to say: 'That's it- we want to live under these conditions', then you must first pour humanity into these conditions, so that humanity will stream out of them again. The deepest humanity, the deepest soul-inwardness must first stream out of our own hearts into the world. Then the world will be an image of the soul, and in this soul there will be an image of the world. This will be able to satisfy people again. Therefore the human being cannot expect anything from all those quackeries in the social area that are perpetrated by looking at outer circumstances. These outer circumstances are made by human beings; they are nothing else but human souls which have streamed outwards. The first things that have to be worked over, what we have to take up first as the social question, are the souls of today, which produce the environment of tomorrow. You can see how better conditions stream into the environment if only you would study it. Again and again I have had to hear from social politicians: Make the conditions better and human beings will become better. Just let these people study what individual sects, developing themselves cut off from world evolution pursue as soul culture, just let them study what the latter contribute to the shaping of outer conditions. If human beings realize that the improvement of conditions depends on themselves, if they acquire Theosophical knowledge, and if they cognise the first fundamental principle to establish the kernel of a universal brotherhood and develop it in themselves as a social feeling for the surrounding world, then the actual social is possible, and one is prepared for what will happen in the near future.

Our entire national economy today lives under false premises. Therefore our theories are mostly false because they proceed from assumptions entirely different from those that arise out of the human being and from humanity. One starts with production, or one believes one can achieve something with the development of compensation. All thinking moves in this direction. To be sure, an improvement will not occur immediately with a change in thinking. But it will occur when the direction is changed. Moreover, our proletariat has no inkling about what is here in question. What it demands is more pay and shorter hours. Take a look at the worker in any particular sector, say the electric sector, which has been unionized in order, through this collective, to get better pay and working conditions. What does he want with these better working conditions? He wants a different relation regarding compensation to take place between him and his employer. That's all he wants. The conditions of production don't change. All that happens is that the worker gets higher wages (…) That's all that happens. It's just a shift in capital.

But that doesn't really change anything much at all, because if one gets more pay today, food will be more expensive tomorrow. It is not at all possible to bring about any kind of improvement for the future in this way. This ongoing endeavor is based on false thinking. There it's a matter of production and consumption. Here a great comprehensive worldwide law about work applies. One has to know this. Certain people who are used to thinking in today's national-economic terms will say perhaps that I am placing a foggy brain in front of them. One who has worked his way through to Theosophy has, as a rule, gone through today's thinking.

Theosophy should be active in us as a life impulse. But as every thought will draw into us and stimulate every action in us, just so this also should stimulate us. We needn't think that we can realize it right away. Also, the government councillor who doesn't live in gray theories can look entirely differently. He doesn't need to travel to America in order to get the idea that someone who doesn't have any work has to be a lazy lout. In the course of time work has greatly changed its form.

Take a look at ancient Greece. What was work in those days? The worker stood in an entirely different relation to his master. At that time work was slavery. The worker could be compelled by force to work. What he received from his master was his living. But his master took the proceeds of the work; it had nothing whatever to do with the particular relation of the worker to his master. He had to work; moreover, he was maintained under precarious conditions; he was not compensated for the things he did. There we have labour under duress, without pay.

[A] commodity is the result of something other than directly compensated work. Thus its value also has nothing to do with what is to be paid in wages. Look at today's situation. Today we have jobs for which the worker is partly compensated – partly. What they bring in flows as profit into the pockets of the entrepreneur. Thus work is partly compensated. What, thereby, has the worker himself become? He invests his labor power into this work in Greece, when one was confronting a unit of slavery. Today's commodity involves something entirely different. Today, the luxury that I receive is crystallized labour for which the worker is compensated. If we ponder this we will find that a half freedom has taken over from the old slavery. A contractual relation has taken its place. In that way labor has become a commodity in the figure of the laborer. So we have labor that is half compelled and half voluntary. And the course of evolution is in the direction of completely voluntary work. This path no one will change or reject. Just as the Greek laborer did his work under the compulsion of his master and a present laborer works under the compulsion of wages, just so in the future only freedom will obtain. Labor and compensation will in future be completely separated.

This will constitute the health of social conditions in the future. You can see it already today. Work will be a voluntary performance out of the recognition of necessity, out of the realisation that it must be done. People perform it because they look at the person and see that he needs work done for him. What was labor in antiquity? It was tribute, it was performed because it had to be performed. And what is the labor of the present time? It is based on self-interest, on the compulsion that egoism exerts on us. Because we want to exist, we want labour to be paid for. We work for our own sake, for the sake of our pay. In the future we will work for our fellow human beings, because they need what we can provide. That's what we will work for. We will clothe our fellow men, we will give them what they need – in completely free activity. From this, compensation must be completely separated. Labour in the past was tribute, in the future it will be sacrifice. It has nothing to do with self-interest, nothing to do with compensation. If I base my labor on consumer demand, with regard to what humanity needs, I stand in a free relation to labor, and my work is a sacrifice for humanity. Then I will work with all my powers, because I love humanity and want to place my capacities at its disposal.

That has to be possible, and is possible only when one's living is separated from one's labor. And that is going to happen in the future. No one will be the owner of the products of labor. People must be educated for voluntary work, one for all and all for one. Everyone has to act accordingly. If you were to found a small community today in which everyone throws all one's income into a common bank account and everyone works at whatever he can do, then one's living is not dependent on what work one can do, but rather this living is effected out of the common consumption. This brings about a greater freedom than the coordination of pay with production does. If that happens, we will gain a direction which corresponds with needs. Already today this can flow into every law, every decree. Of course, not absolutely, but approximately. Already today one can organise factories in the right way. But that demands healthy, clear, sober thinking in the sense of Theosophy. If such things penetrate into human souls, that something will be able to live again in these human souls. And the way the one determines the other, just so this life of the human soul will also determine that the outer arrangements will be a mirror picture of it, so that our labor will be a sacrificial offering – and no longer self-interest – so that what controls the relations with the outer world is not compensation, but rather what is in us. What we have in our power to do, we offer to humanity. If we can't do much, then we can't offer much; if we have a lot, then we offer a lot.

We must know that every activity is a cause of endless effects and that we may allow nothing that is in our soul to go unused. We will be making every offering out of our soul if we completely renounce any pay that can accrue to us from external conditions. Not for our own sake, not for the sake of our welfare, but rather for the sake of necessity. We want to firm up the soul through the law of its own inner being, so that it learns to place its powers at the disposal of the whole from points of view other than the law of wages and self-interest. There have been thinkers who in some connection have already thought thus. In the first half of the 19th century there have been thinkers who have brought this feature of a grand soul-based contemplation of cosmic law. Is this feature not a sanctification of labor? Isn't it so that we can lay it on the altar of humanity?

Thus labor becomes anything but a burden. It becomes something into which we place what is most sacred for us, our compassion for humanity, and then we can say: Labor is sacred because it is a sacrifice for mankind.

Now there have been people who in the first half of the nineteenth century spoke of 'sacred industry'. Saint Simon was one of those who had an inkling of the great ideas of the future. Whoever studies his writings will, if one deepens them in the theosophical sense, gain endlessly much for our time. Saint Simon spoke in a rudimentary way, but of a type of living together, as in an association. He has projected associations into which the single individuals deposited tribute, and thus existence became independent. He had great ideas about the development of humanity, and discovered several things. He said: The human races correspond to a planned development, and souls make their appearance one after the other and work their way upwards. That's the way to regard the development of humanity, for then one comes to the correct view. He also speaks of a planetary spirit that changes itself into other planets on which humanity will live. In short, here is a national economist whose works you can read and who lived in the first half of the nineteenth century. You read his work like a Theosophical book.

Today the palingenesis (continued rebirth, metempsychosis) of soul existence can be proved. Whoever acknowledges Haeckel will also have to acknowledge reincarnation if one carries Haeckel's ideas further. Fourier also thought in this way. You can find in him a primitive Theosophy. Thus for one who looks at things the way they are, Theosophy's first major principles for our social life-to establish the kernel of a universal brotherhood-is the only thing that can propagate healthy conditions in the environment. This view of the Theosophists is not impractical, rather it is more practical that the view of all those social theorists (you'll have to admit this if you apply these theories to life), and only someone like that will say, with good old Kolb: Studying theories of national economy is no burden. Only if Theosophy comes to be heard in debates on the social question can a healthy way of looking at it, a healthy thinking come into it. So it is necessary for someone who wants to see and hear in this area to come to terms with Theosophy.

For the Theosophists two things are clear, not out of fanaticism, but rather out of a knowledge that comes from looking at life: it is possible to stick with gray theory and relegate the matter to people who will later have to admit that at the desk it looks different from what it turns out to be in life out there. Then one will have to waits a long time, and what must come will come anyway. In the end, living theory will have to have to intervene in life-one can hear it already today-already today one can argue about what Theosophy has to say about the social question. Then one can't hear just one lecture, rather one has to deal with Theosophy in its entirety. From it one will derive the gift, the ability, in a healthy way to view life from top to bottom in its most secret and intimate forces, then healing and blessing can soon come into our social order.

Let us achieve in ourselves, as much as we can, what should happen. The reshaping of labor, working not for pay, is a sacrifice. Then we will have done our duty, then we will have regarded life in a healthy way. Or else we will keep looking at the world with gray theories, alien to life. Then it could turn out that future humanity could say: Questions were raised. When these questions were there to be raised, when recovery in a good way was possible, that was just when they did not want to study them. Goethe once said: 'Revolutions are entirely impossible if the rulers do their duty'. He knew who was to blame for revolution. Let us try to consider what the history of the future can say about our present. You have seen what time has wrought, until the earth was drenched with blood, and how the time has raised the most burning questions in an even more frightful way.

Translated from the German by John Root S^{nr}, from «Beiträge zur Rudolf Steiner Gesamtausgabe», Heft Nr. 88.

Michael Luxford

Anthropsophy and the Social Question

The Law of Human Co-operation and its Conditions

Personal Development and Working Life

Preface

These thoughts on the relationship between personal development, working life and community building, are being shared in recognition of the one hundredth anniversary of the appearance in the journal *Lucifer Gnosis* of Rudolf Steiner's essays, which were later published together as *Anthroposophy and the Social Question*.

> The world only moves forward when human beings will that it shall. But in order for them to will it, what is needed in each individual case is inner soul work; and this can only be performed step by step.
>
> Rudolf Steiner *Anthroposophy and the Social Question*

Walk into any decent sized and well stocked bookshop today and two sections of books will stand out. These are the ones to do with self-realisation, and with business management.

These exist as they do, because individuals in the modern world are aware of themselves in a new way, compared to the immediate post-Second World War period. Also, business and personnel management practices have changed dramatically during this time.

Managers and employees can be found climbing mountains together, bonding and getting to know one another. Adult education colleges have courses in yoga and meditation and people go on retreats without embarrassment. The two areas of personal development and working life, are being brought together, though not everywhere, of course. Does anthroposophy have anything to say about these two areas of life?

The Law of Human Co-operation

In two editions of the journal *Lucifer Gnosis:* published in Berlin; the one in 1905 and the other in 1906; Rudolf Steiner presented in essay form, what we now know of as the booklet, *Anthroposophy and the Social Question.* In the third essay of this booklet is found what he described as a fundamental social law, which can also be called a law of human co-operation. This law says:

> In a community of human beings working together, the well-being of the community will be the greater, the less the individual claims for him or her self the proceeds of the work he or she has done; i.e. the more of these proceeds are made over to his or her fellow workers, and the more his or her own requirements are satisfied, not out of their own work, but out of the work done by others.

The law indicates that the health or well-being of a community will be greater when the individual carries out their work purely in response to what needs to be done, and by not linking ones work directly to the meeting of ones personal needs.

The concern over meeting ones needs must come from the fellow workers, who are also members of the same community of endeavour. If this way of working together and relating happens, the community can hope to experience a state of well-being.

On the other hand, if this way of working does not exist *need and want* will appear as manifestations of ill health within the social, working, and economically orientated enterprise.

One could accept the above as a law, with its conditions and consequences. It can also be ignored: in which case it will be demonstrated to us by manifold examples of social and economic ill health in the world around us today. If the law is a reality, we would have to then assume that this law is not being acknowledged in working life in the required way, and that humanity is experiencing the consequences of this fact.

The appearance of increasing levels of employee stress, whilst at the same time other capable people are unemployed; discrepancies in wage and salary levels between executives and workers; and a breakdown in general community life, attest to the non-recognition of the validity of this law.

This is not to say that it is not present in a natural way in many basic human practices: in the home; in the family business; and amongst people where it is exists as a basic attitude towards work, where people say, "I don't do it for the money".

Connecting to the above remarks, the question can be asked, "Has Anthroposophy (the striving for the understanding of what it means to be truly human), anything to say about working life and personal development? I think it does, and Rudolf Steiner's essay and his Law of Human Co-operation are the key elements for gaining this understanding.

Training

Training, of whatever kind, when undertaken by an individual or a group of people, must have a purpose to it.

Some people might say, "Why, make day-to-day working life the subject of training? Just get on with your life. Do what is needed and you will learn everything you need to know as you go along".

That is an understandable attitude. However, if Rudolf Steiner's insights (one hundred years on) are to be respected, then it would be worth not just accepting the general tenor of the law of working life and community well-being which he describes, but also worth looking at what he says about its manifestation in a community or endeavour, and what helps or hinders its unfolding. This must be a worthwhile enterprise, as in today's world, the creation of well-being in and amongst people is a matter of vital concern.

The essays we are concerned with here appeared in 1905 and 1906. Just prior to the publication of the first essay in October 1905 Rudolf Steiner had completed a long series of articles in the same journal.

These (begun in 1904) were later to become the book *Knowledge of Higher Worlds and its Attainment.*

The opening quotation used at the beginning, is taken from *Anthroposophy and the Social Question,* and says 'the world can only move forward when human beings *will* that it shall', and that this can only happen by means of step-by-step *inner soul work.* The question arises: What kind of inner soul work might be of use in this *willing forward of the world*?

One answer to this question is found in relating the specific *soul work* dimensions found in *Knowledge of Higher Worlds and its Attainment* to the step-by-step *will activity* called for at the conclusion of *Anthroposophy and the Social Question.*

Knowledge of Higher Worlds and its Attainment

In the summer 1977 edition of *Anthroposophical Quarterly* (the then journal of the Anthroposophical Society of Great Britain) Rudi Lissau wrote:

> 'Knowledge of Higher Worlds and its Attainment' is, amongst other things, the most modern training manual for social relationships.

Knowledge of Higher Worlds and its Attainment contains helpful advice, details of exercises, requirements and conditions, all relating to personal development, i.e. inner soul work. It is a *will* orientated book. There is nothing theoretical about it. What is described, as the possible results of self-development, are all dependent on practice, exercising, meditation, and on the free initiative of individuals to follow the step-by-step advice which is given in its pages. By means of such exercises, it is said, an individual can progress on a personal as well as a social level, to become a better contributor to society, through the way one carries out daily affairs.

Rudolf Steiner says that there are some people who do not need to practice in this way, as they already possess faculties of a highly developed kind, which are thereby present in social life. He offers his advice to those who feel that they need to achieve more, personally and socially.

Rudi Lissau died on the 30th January 2004. For many years, he had been a leading figure in the Anthroposophical Society in Great Britain and in the Social or Social Sciences Section of the School for Spiritual Science. In order to strengthen the above thought of his with regard to *Knowledge of Higher Worlds and its Attainment* and its significance for social relationships, twelve positive attributes to be developed as a preliminary stage in the enhancement of inner soul-work are mentioned here. They are found in the first chapter, entitled *Conditions*. This is not to say that these are the only positive attributes which are to be found in this chapter. They are those which stood out for this author at the time of writing.

In what follows each attribute which is a condition for the attainment of higher knowledge, and contributes thereby to socially beneficial faculties in the individual, is followed by a brief, relevant excerpt from the text of the above mentioned chapter.

Humility

The heights of the spirit can only be climbed by passing through the portals of humility.

Withholding Adverse Judgements

Every criticism, every adverse judgement passed, disperses the powers of the soul for the attainment of higher knowledge, in the same measure that all veneration and reverence develops them.

Invisibility and Devotion

Noiseless and unnoticed by the outer world is the treading of the path of knowledge.

Just as the Sun's rays vivify everything living, so does reverence (and devotion), vivify all feelings of the soul.

Overcoming Distractions

A person who darts from one impression of the outer world to another, who constantly seeks distraction, cannot find the way to higher knowledge.

Finding Beauty- Within and Without

Only what we experience within ourselves unlocks for us the beauty of the world.

Quiet Selflessness

Setting aside moments in daily life in which to withdraw into him or herself, quietly and alone, the student is not to occupy him or herself with the affairs of their own self.

Enjoyment and the Outer World

It is necessary to seek enjoyment, for only through enjoyment can the outer world reach us. (Though here, a host of tempters confront the soul.)

Inner Tranquillity

Moments of inner tranquillity need to be provided, and in these moments: to learn to distinguish the essential from the non-essential.

Confronting Oneself as a Stranger

At certain times the student must seek the power to confront him or herself as a stranger; for sorrow, joy, every resolve, appear different when we confront ourselves in this way.

Becoming ones own guide

Growing calmer in ones own being will lead to attaining firm assurance in all ones actions, and to not being put out by all manner of incidents. By thus advancing the student gradually becomes more and more their own guide, and is less and less led by circumstances and external influences.

Developing Patience

In moments of impatience the soul steeps itself with the feeling of the uselessness of impatience, and on every occurrence of impatience, this feeling (of its uselessness), is immediately present.

Creating inner space through calmness and self-control

No outward force can supply space to the inner soul. It can only be supplied by the inner calm, which the student gives to his or her own soul.

NB: It is not the purpose here, to go further into these conditions for personal development as outlined in this opening chapter of *Knowledge of*

Higher Worlds. This can only be done successfully by individuals themselves.

To want to carry out such *inner soul work* as described above, is, on the one hand, a personal matter. On the other hand, it cannot help but have social consequences, as long as a practicing-individual is actively engaged with other people.

For example: if I work at transforming my 'judging nature', this will effect how I am when I am with other people in my working and social life. Another person might say: "Michael is much less judgemental these days, don't you think?"

Anthroposophy and the Social Question

Virtues and Conditions

Therefore, if it is acknowledged that there is a link between 'inner soul work' and the workplace, then such conditions as described in *Knowledge of the Higher Worlds* have a relevance to the Law of Human Co-operation and its working.

Awareness and practicing the Law of Human Co-operation can be a concern of individuals as well as an endeavour of a community or enterprise seeking to become altruistic and create well-being through the quality of the social relationships present within them.

The purpose now, however, is to present the thought, that the significance of the Law of Human Co-operation can only be fully appreciated when its working is set into the context of the whole of the third essay of *Anthroposophy and the Social Question.* This context will now be described.

Virtues

The third essay begins with an appreciation of Robert Owen, calling him a genius of practical life. We can think of him in the same way as we would think of anyone today who is involved in an economic activity involving workers and working arrangements. Owen, in particular, had a social aim and was a reformer, in the context of his manufacturing activities. He sought a better world, human progress and beneficial working conditions, through the social and working arrangements which he set up.

Rudolf Steiner points out that anyone who would attempt such a practical venture would have to possess *the finest social virtues,* which he names as:

> The longing to make ones fellow human beings happy
> Faith in the goodness of human nature.
> The belief that the love of work will grow, hand in hand, and of itself, along with the development of the considerate and beneficial aspects of the enterprise I am involved with.

However, Owen was forced to learn a salutary lesson. It was: that despite the above virtues being alive in him, and providing the ethical foundations for his practical endeavours, his workforce was unable to live up to his expectations. The reasons being the presence in his workers, of:

> Egotism (self-interest) and what lives in human nature (e.g. being work-shy).

Rudolf Steiner summarises Owen's realisation as to what would be needed to prevent such idealistic yet practical innovations going so disastrously wrong, in the following way:

> Until a change has taken place in the general moral standard all attempts at founding socially beneficial enterprises are bound to fail.
>
> (Author's interpretation)

How then are we to hope to create socially beneficial economic (work related) enterprises today, when we still see signs of the same basic factor of self-interest within human nature being alive, well, and present one hundred and fifty years after Owens death? After all, to work out of self-interest as a basic principle, was what Adam Smith recommended in his *A Wealth of Nations.* This book was published in 1776, twenty or so years before Robert Owens birth, and remains a "pillar" upholding the capitalist credo, right into modern times.

I believe the answer to the above question is to be found in *Knowledge of Higher Worlds and its Attainment,* in the way already described, and in the *Conditions* for the Fundamental Social Law, or Law of Human Co-operation, which can be inferred from the third essay of *Anthroposophy and the Social Question.*

The Inevitable Sequence

It is Rudolf Steiner's view, expressed in the third essay, that:

> There is much to be learnt from this experience of Owens' by all who are really willing to learn. It may lead the way from all artificially devised schemes for the benefit of humanity to really fruitful social work that reckons with matters of fact.

He also points out that Owen was forced to realise:

> That any good institution is only so far maintainable as the human beings concerned are disposed by their own inner nature to its maintenance and are themselves warmly attached to it.

He goes on to describe what he calls 'an inevitable sequence'. This sequence is extracted from the essay in the following way.

A person or a group wants to do something constructive and useful. A business, enterprise, a community is set up, and for a while all appears to go well. If, however, the enterprise fails to reckon with the human nature factor, which will show itself sooner or later, the endeavour, if it intends to be a genuine community or co-operatively based entity will inevitably fail, as:

> Egoism is there, once, and for all, as a part of human nature; and consequently it begins to stir within the feeling of every human being, when he or she is called upon to live and work together with others in a social community.

This inevitable sequence stems from the influence of this natural presence of egotism, where the individual seeks for conditions which best suit their self-interest. This creates conditions opposite to those referred to by the Law of Human Co-operation.

In the essay, this counter intention is expressed in the question arising in the soul of the one who acts out of self-interest:

> What particular social institution must be devised, in order that each person may secure the proceeds of his labour for himself?

It could be argued that this is the kind of question, which motivates the joint stock holding company of today, when it is profit and stockholder led. The guiding principle of such companies works its way down to influence contracts of employment, salaries and wages, and conditions of service, etc. Of course, such companies are not setting out to be communities. Nor are they necessarily about creating social and individual well-being, alongside their production or service purposes.

Continuing the sequence, Rudolf Steiner says:

> Anthroposophy shows that all human suffering is purely a consequence of egotism, and that in every human community, at some time or another, suffering, poverty and want, must necessarily arise, if the community is founded on egotism.

There is no doubt that this *poverty and want* are with us still, even in our modern world. The apparent wealth of individuals, which has come from 'securing the proceeds of their labour for themselves' does not appear to free people from the poverty of loneliness, the consequences of excess and the destructive aspect of feeling themselves superior to others.

At this point Rudolf Steiner says that all that can be done is to:

> Indicate the true laws of human cooperation.
> Following which the Law of Human Co-operation is stated. Later, the law is stated again, but in a highly succinct form:
> Human welfare is the greater, in proportion to the lessening of egotism.

There is no substitute (including the present summary) for reading and deeply imbibing the detailed wording of this third essay. It is a far-reaching counter proposition to all that has arisen from the way Adam Smith's *A Wealth of Nations* has been interpreted and acted upon. This is why *Anthroposophy and the Social Question* is such a radical document.

We will now consider what can be taken to be the *Conditions* not for personal development as in *Knowledge of Higher Worlds and its Attainment* (though these are obviously important), but for the development of altruistic based communities and enterprises.

The Law of Human Cooperation and its Conditions

We have here a proposition, based on human experience, which has been put succinctly into the form of a law. As with any law, it will have conditions and parameters, which say something about its operation and context. It is clear to the writer that the law we are concerned with here exists in an experiential context and does indeed have conditions attached to it. Not pre-conditions, but existential ones, which are fundamentally attached to its operating, whether for the good or detriment of community life or social enterprises. The following extract can be taken to be a kind of introduction by Rudolf Steiner to the conditions which have been extracted from the text. It focuses attention on what is required to help foster well-being in a community of people working together.

> It must not be supposed (however), that it is sufficient to acknowledge this law as one for general moral conduct, or to try and, interpret it into the sentiment that everyone should work for the good of his fellow men. No! This law only finds its living, fitting expression in actual reality, when a community of human beings succeeds in creating institutions of such a kind that no one can ever claim the results of his own labour for himself, but that they all, to the last fraction, go wholly to the benefit of the community. And he again, must himself be supported in return by the labours of his fellow workers.

The conditions follow-on once Rudolf Steiner asks the question, "How is this law to be translated into fact?" The first condition required for the practical implementation of the law is:

The separation of remuneration from work

That working for one's fellow men, and the object of obtaining so much income, must be kept apart, as two separate things.

This requirement is a direct challenge to the individual and the social order in that it calls for the finding of a way out of egotism. A second requirement follows:

Transforming egotism

One must have people who can find the way out of their egotism. For only one who labours solely and entirely for the rest can little by little, grow to be a worker without egotism.

Presumably, the individual would have to see why such challenges are worthwhile, for themselves and others. The reason and motivating force for doing this is put in this way, and becomes a condition:

Recognising the meaning and value of the community

If anyone works for another, he must find in the other the reason for his work; and if anyone works for the community, he must perceive and feel the meaning and value of this community, and what it is as a living, organic whole.

However, to do this it is necessary to see in the community a higher aim, beyond the need of the individual, and even beyond the value it has for the direct benefit of other individual members. Hence:

Participating in processes of communal spiritual development

The community must be informed by an actual spirit in which each single person has his part. It must be such that each single one says, the communal body is as it should be, and I will that it be thus. The whole, communal body must have a spiritual mission, and each individual member of it must have the will to contribute towards the fulfilling of this mission. In every single member, down to the least, this Spirit of the Community must be alive and active.

It is this sense for a communal Spirit which can become the motivating factor for the individual to strive to deal with the powerful influence of the self-interest element inherent in human nature. Only he or she who faces up to this challenge out of their own free will can attempt to do this. Coercing others is out of the question. It is necessary to:

Work for the good of the community in freedom

The problem of the present day is how to introduce people into conditions under which each will, of his own inner, private impulse, do the work of the community.

This effort has to start within the individual, and out of their free resolve and social determination, in the context of the world and its needs.

Being non-theoretical

No one need try to discover a solution of the social question that shall hold good for all time, but simply to find the right form for his social thoughts and actions, in view of the immediate needs of the times in which he is now living. Indeed, there is today no theoretic scheme, which could be devised or carried into effect by any one person, which in itself could solve the social question. Anyone who inoculates such a theory into a mass of human beings, without giving them some real spiritual substance along with it, is sinning against the real meaning of human evolution.

What is the nature of such *real spiritual substance*, the providing of which is a condition for the human soul to succeed in finding, 'the right form for its social thoughts and actions'?

Developing a spiritual world view

There is only one thing which can be of any use; and that is a spiritual world-conception, which, of its own self, through that which it has to offer, can make a living home in the thoughts, in the feelings, in the will, in a person's whole soul.

What then might be the essential aspect of such a spiritual world-conception, which would offer this spiritual substance to the soul? The human being has to learn:

Working positively with personal relationships

To see that it is not a mere chance that he or she happens to be born in a particular place at a particular time, but that he or she has been put of necessity, by the law of spiritual causation – by karma, just in the place where he is; he learns to recognize that it is his own fitting and well-founded fate which has placed him amidst that human community in which he finds himself.

This thought gains spirituality, and is an aspect of a world conception of the kind referred to, since it infers that the human being's relationship to the community he or she is part of, has karmic significance and meaning.

This relationship is something he or she has to come to terms with. It links to a realisation he or she may feel dawning within; the realisation that:

He or she is fulfilling a higher intention when working in conformity with their special place in the world and in accordance with their special abilities. He or she will learn to see the meaning in the human community to which he belongs.

The consequence of achieving this will be that this meaning and its significance are not only relevant to his or her own community but must also be significant for other communities as well. This is the basis for social action:

Being non-exclusive

Comprehension one's own community's relation to other communities, and how it stands towards them.

In as far as this realisation develops into broad and meaningful activities; socially motivated thinking will lead directly into forms of practical expression:

Relating the community to the world in practical ways

They will take the right practical steps to effect social progress.

What has been indicated so far cannot be achieved overnight. It is necessary to:

Be patient and undertake self-development

It is necessary for it to work in this way, slowly.

For the practical conditions for the progress of humanity can only be brought about:

By winning over individual human beings, one by one.

Such patience calls for individual resolve of the kind which forms the basis for all that is described in *Knowledge of Higher Worlds and its Attainment.*

Thus, in the closing words of the third essay, the conditions required for living and working out of the law of human cooperation form a bridge to those relating to the path of self-development.

The closing words of the third essay state:

Maintaining resolve no matter what

> The world moves forward, only when men *will* that it shall. But, in order for them to will it, what is needed in each individual case is inner soul-work; and this can only be performed step by step.

From Individualisation to Community

The Way Forward

Adam Smith's *Wealth of Nations (1776)* and Karl Marx and Friedrich Engels' *Communist Party Manifesto (1848)* and what followed from these, present the two major socio-economic models, which have affected the world in the last two hundred plus years.

The Soviet-Communist version based on the abolition of private property and the dismantling of bourgeois society, faltered towards the end of the twentieth century.

The Smithsonian, capitalist, free-market, competitive, property owning and self-interest based approach, which remains strongly active today, shows signs of collapse. It is clearly not 'health giving' in the context of the human community as a whole. It is proving destructive for many people and for the environment in particular.

Rudolf Steiner's concise formulation of the Fundamental Social Law, or Law of Human Co-operation, represents a third way; a way focusing directly on the problem of self-interest. It indicates the kind of conditions needing to be fulfilled, by means of which this inherent feature of human nature can be transformed for the purpose of realising altruistic ways of working together, and building healthy communities.

Rudolf Steiner was anything but naïve. He knew that the individualisation of human experience had to happen as a result of the development of human consciousness. The individual's place in the social order can no longer be circumscribed by the subservience to theocratic or patriarchal influenced social arrangements.

The main emphasis in the world today appears to be the creation of a secular, growth and economy led society founded on the encouragement of satisfaction of the self-interested needs of individual consumers. The individual has become the key focus of this market led drive for production and consumption.

Extracting humanity from the consequences of the above focus, now that its unjust and destructive aspects become ever more apparent, is a major challenge for the world as a whole, and especially for the thinking, feeling and *will*-led individual.

The Law of Human Co-operation has something important to say about finding a way forward in relation to the above perspectives, and about the achieving of well-being amongst people.

But, if it is to be effective as a vehicle for bringing health giving forces into social life and human relationships, we need to know something about the self-imposed conditions which have to be taken into account by those who would aspire to understanding its significance for human life.

At the beginning of *Knowledge of Higher Worlds and its Attainment*, conditions are indicated for the path of self-development. Conditions for the creation of a health giving social life are described in *Anthroposophy and the Social Question*. These are summarised concisely, as:

The separation of remuneration from work

Transforming egotism

Recognising the meaning and value of the community

Participating in processes of communal spiritual development

Working for the good of the community in freedom

Being non-theoretical

Developing a spiritual world view

Working positively with personal relationships

Being non-exclusive

Relating the community to the world in practical ways

Being patient and undertaking self-development

Maintaining resolve, no matter what

The way forward is to make the step from individualisation towards community. Towards the recognition of the needs of others, beyond myself.

This is easier to say than to do. But without this approach, humanity can only be on the way to disaster (in the writer's view). The human community will crumble on micro and macro dimensional levels. Only through consciously willed socio-economic activity, founded on a spiritual conviction of humanity having a higher value than simply being a producing, consuming entity, can new forms of community be created: spiritually, socially and economically.

The law and its conditions are not easy to put into practice. But other demanding practices, such as the Eightfold Path of the Gautama Buddha or the New Commandment of Christ, "to love one another", are also not easy to live!

The conditions described here, can be walked, step-by-step, in the form of both freely-willed inner soul work, and outer social efforts. It is a way to move from self-orientated individualism, to which we are all subject, towards a new form of social and community life, beyond family, nation, race, and self-interest.

It is a path, not a formula. It is a way to reach 'beyond oneself' to a shared vision of what it might mean to be truly human, and to put this into practice. A way from a Mars influenced to a Mercury inspired world of the future.

References

Rudolf Steiner *Anthropoposophy and the Social Question* (GA 34) Mercury Press USA.
Rudolf Steiner *Knowledge of Higher Worlds and its Attainment* (GA 10) Various ed's.
Adam Smith *The Wealth of Nations* Penguin Classics.
Karl Marx and Friedrich Engels *The Communist Party Manifesto* Oxford Univ. Press.

Note: GA refers to the number of a lecture or written work within the *Gesamtausgabe*, or Collected Works, of Rudolf Steiner.

Richard Steel

The inner legacy of anthroposophy at the turning point of the millennium

The Fundamental Social Law as seed for the future

(Talk for the Champhill Communtity, Botton Village, Michaelmas 1999)

To begin with I would like to look at the historic roots of the Fundamental Social Law and their connection to the foundations of anthroposophy. Already in 1906, before the publication of the third essay on Anthroposophy and the Social Question, which we usually think of as the source of the Fundamental Social Law, Rudolf Steiner held an esoteric lesson solely about this subject, which shows just how close this law is to the very heart of anthroposophy.[1]

'Spiritual science has no patent recipe to tell anyone how to act in any specific situation, but there is definite and full trust that each person will arrive at the correct judgement himself if he is penetrated by fundamental truths. And I will write down a formula from these fundamental truths for you: Hardship, misery, and grief are nothing else but a consequence of egoism … I have already said in public: one lives out of the principles of egoism as soon as one lives with the principle: I have to be rewarded personally, whatever work I do has to be paid for.'

This is the first and foremost 'root' I would like to point to; it is the question of 'consequent thinking through' of esoteric wisdom, which has to be Implemented into social reality if it is to be spiritual science in the modern sense. The Fundamental Social Law is a 'mere' social consequence of modern esoteric work. This theme was of utmost importance to Rudolf Steiner.

The second 'root' I would like to point to has to do with Rudolf Steiner's alertness to the social realities of his time and of their developmental origins. With the quote from the esoteric lesson you have heard his reference to the first mention of the Fundamental Social Law-it was in a public lecture in 1905, which I would like to speak about later. What evolutionary necessity was Rudolf Steiner addressing?

The theme of the Fundamental Social Law has to do with the esoteric significance of our century. This century also has a special 'taste' to it in regard to the development of human consciousness. How incredibly fast individualization has developed in the last 30 years!

One could hardly have imagined the development of the consciousness of mankind and the way that individualization has actually taken place, not even taking into account computers and the Internet.

As early as 1898 Rudolf Steiner had spoken of this, like a warning, in an essay published in a magazine. He wrote there about professors and university life and sociology and then went on to say:

We have to see that the next century will need a complete turn-around in social life and ethics. In the past, social life was always in the foreground and the individual was sacrificed for its sake. The individual had to give itself to the needs of social life. In the next century social forms will have to be found to serve the individual.

How can this remarkable insight inspire the evolution of new forms of social life? The fact of this new responsibility of social life for the individual, the fact that social forms are only valid if they foster the progress of the individual, is the 'Main Sociological Law'.

In 1899 in Berlin, Rudolf Steiner was asked to build a new style of further education for workers with inadequate schooling. It was very special, very important for him to meet and work with the working people, and not just Theosophists. This contact with, and concern for, the working class continued to be of importance to him throughout his life. His lectures for the workers building the Goetheanum attest to this. The fact that Rudolf Steiner chose a public setting for the very first lectures about the Fundamental Social Law clearly indicates his conviction that these ideas needed to he taken up at a practical social level. In the same year, 1899, he put into a nutshell the fruits of his research work at the Goethe archives. It is the description of the Rosicrucian imagination: Goethe's Fairy Tale. He repeated this on an esoteric level on Michaelmas Day, 1900 in a lecture that he himself called 'the birth of modern spiritual science'. A central theme in this unveiling of the mystery of the Fairy Tale is the connection of its three kings to the three realms of social life. He even speaks about the French Revolution. The roots of social threefoldness are right there at the beginning of the century! The impulse of anthroposophy is indeed the impulse of threefoldness, seeking connection to social reality. This is modern spiritual science. And these two descriptions, one esoteric, the other exoteric, stand like pillars at the gate of the twentieth century!

At the opening of the dramatic interactions among the characters in Goethe's Fairy Tale stands the question of payment for labour. The Ferryman is worried about whether his work will be paid for and this question is the growing point of the Fairy Tale. The image of gold, the question of payment and debt, are central to the story. The mystery temple arises because the question of paid work opens the scene on the etheric river. The river can not suffer gold and if so paid would rise up and endanger the human life. This is the theme that Rudolf Steiner puts to our time. It is not a coincidence that he chose this element to start off a modern spiritual science. He continues this theme-like a golden thread it runs right through to his Mystery Dramas, those dramas of karmic development that called forth the building of the Goetheanum.

We have now seen the birth of the impulse of anthroposophy at the threshold of our century: 1898/99 exoterically and 1900 esoterically. Where do we stand at the end of the century? Rudolf Steiner spoke once, in 1916, about the year 2000.[2] He predicted that free thought would be banished by the West, that free thought would be criminalized, and 'when we have written the date 2000, the soul of man will no longer be considered a living entity, but mankind will be treated like a machine, considered to be a machine.' What has the 20th century been asking of mankind? What should have happened through anthroposophy as a counterbalance? What should have been the essence of anthroposophy in this century? What has actually changed in the relationship of the human being to social structures?

In ancient epochs there were many mystery leaders of mankind. There were the Holy Rishis; there were the priests of the mystery centers. Humanity was lead, at first directly out of the spirit world, through folk spirits and through spiritual leaders. Again and again Rudolf Steiner describes the destiny of mankind in relation to labour. Within the history of mankind, work has changed. In earlier times priests directed work on the land. The calendar worked down from spiritual life into daily life, into agriculture. Labour was the realization of spiritual impulses. For a long time the guiding motivation for labour flowed from the spiritual world in direct connection to the folk-spirits and remnants of this still worked through the compulsory bonds of the family even into our time.

With the growth of ego-consciousness, and on into individualization as it is today, blood ceased to be a vessel of the spirit, and work lost its inherent connection to spiritual impulses. It has become subject to simply egoistic motivation. Work-the social context of our will-activity-has been freed, not simply from institutions like slavery, but from the spirit! It is left entirely up to us-to our freedom-to search for new connections, or not. And consequently, a new connection to the spirit can only be found if it simultaneously reaches down to the level of our will. That is what Rudolf Steiner meant with 'modern spiritual science' and therefore the Fundamental Social Law had to be part of the fundamental impulse.

Can we find enthusiasm for this task? Can we find the warmth of heart to renew the spirituality of the blood stream and let it flow into the realm of labour? Into our deeds? The first step towards achieving this warmth is the development of interest. Ahriman likes to 'cool down' our interest, to make financial interest the motivation in economic life. It is amazing that just the English language allows 'interest' to become an economic concept. Economy has become the battlefield of social Darwinism. Rudolf Steiner spoke about 'an economy of the folk', a national economy (Volkswirtschaft) --- this simply does not exist any longer. And even though we now speak of globalization, we really mean merely the global results of egoism.

What has changed in our time is that now it is no longer possible for work situations to be fructified by the spiritual world. I believe that this is what Rudolf Steiner meant when he said that 'mankind has crossed the threshold'. Man's place of work was once within the setting of 'mankind'. Now the daily life of man has been severed from 'Mankind', that is the archetypal image of mankind that was upheld by the mysteries. What does it mean that 'mankind has crossed the threshold'? It means that man has been severed from the spiritual world. The individual has been separated, severed from its own archetype! Today each individual stands alone.

In 1898 Rudolf Steiner said that new social structures needed to be built in order to redeem the situation of the individual, the severance from mankind. We now live in the lie of global consciousness, global humanity. It is not true at all. The individual is becoming increasingly cut off, estranged from his neighbours, even from the people within his own home. It is an illusion to speak about 'mankind' today or to talk about social structures. The highest priority in social life today must be to find ways to free the individual from his self-centred egoism, because this very self-centeredness, paradoxically, will in time cause the individuality to disappear. If man continues to drift away from mankind, then the very connection of man to his own higher being is endangered.

When we think of social forms for the future we must ask how man can find new connections to the spiritual world, where his archetype-'mankind'-lives. What do we mean by 'mankind'? This is only to be experienced and grasped on the other side of the threshold. Social science is a science of the threshold.

What help is threefoldness in all of this? Isn't it meant to lead us to the mankind of the future? Mankind has to be recreated. There will be no mankind on earth unless we create it newly. God created mankind and this creation continued in the mysteries. Mankind of the future must be created newly by us. This is the background of the mysteries of the will. These mysteries take place in working communities, one could say, at the workbench. How do we find the path to the new mankind?

Rudolf Steiner spoke in his course of lectures to the priests[4] about the rising of the Antichrist in our century. He mentioned particularly the dates 1933 and 1998 but of course the shadow of the Antichrist was thrown a long way ahead. The Antichrist was, and probably still is, more prepared than the Anthroposophical Society. People were not prepared to take anthroposophy to its logical consequences. There lies a tragedy in the biography of Rudolf Steiner. He himself spoke about the cosmic rhythms of human life and the fact that the natural life span is 72 years, after which there might still come some years of grace. In Rudolf Steiner's life the cosmic rhythms are exact. We know this. For example, it was 7 years after the Main Sociological Law that he spoke of the Fundamental Social Law. Rudolf Steiner would have turned 72 in the year 1933, had he had the ether forces to live until then. He should have lived until 1933. Is it not the shadow of the Antichrist itself that brought about his death, preventing him from being on earth at that critical time? And of course, looking at the human situation in the Anthroposophical Society, it was perhaps 'inertia of the heart'.

By 1933 the Anthroposophical Society was in pieces. Dr. König and a group of friends, none of whom had ever met Rudolf Steiner, took up the threefold social impulse out of the debris of the Society. Karl König took on a spiritual task out of the spiritual and social necessities the war had brought to Central Europe and carried this until his own death in 1966. We could see the biography of Camphill beginning with the year 1933. The rhythm of 33-year cycles that governs historic events shows itself from 1933 to 1966 when Karl König died, the second period being from '66 to '99. So now it is a question how this will go on. The Fundamental Social Law intersects this rhythm in 1933!

Biographical rhythm
1898 1905 1912 1919 1926 1933
(Rhythm of the Fundamental Social Law)

Historical rhythm
1899/1900 1933 1966 1999

The Fundamental Social Law weaves in our century in a very special way. In 1905 in this special public lecture in Berlin which is the first mention of the Fundamental Social Law[5], Rudolf Steiner said:

'If you could found a small community today in which everyone puts what they earn into a communal fund and everyone works according to their abilities, then each person's existential needs will not depend on the work that he does but will be part of the consumption-process of the community as a whole. If this comes about we will have found the direction which meets *requirements.*'[6]

Now there could have been nothing more concrete, more explicit than this!

This is the way that social forms can serve the needs of the individual! The Fundamental Social Law is the tool to build new social structures needed for the individual. Rudolf Steiner gave exact directions: human labour must become a sacrifice for the future of mankind. We owe our work to mankind. The new creation of mankind will arise through work without pay. This is the only way possible for the individual to realize his debt to mankind, his responsibility to work out of love, for mankind.

As curative educators, as social therapists, we have a special responsibility. Ours is the only profession about which Rudolf Steiner says that our work only makes sense when we realize that we are working for the next incarnation and therefore for the future of mankind. In our daily life we are taking up impulses which otherwise the hierarchies can only take up on the other side of the threshold of death. We can only understand what we are doing in this context. Our daily life is only valid when seen in this perspective.

We have an additional responsibility as Camphill Community members for the legacy of the twentieth century. For we have the possibility of realizing these esoteric responsibilities in daily life and of realizing these laws on earth. We are in a situation that makes it possible, if we want, to decide to work out of love for mankind. Can we see this as a responsibility for anthroposophy at the turn of the millennium? We have the possibility, we have the settings, we have the tools. With all our shortcomings we nonetheless have a duty to continue to unfold Karl König's life-task. The completion of 3x33 year cycle calls on us to renew an impulse!

We are completely free because there is no historic precedence for threefoldness. The historic personality who should have been the founder of a Christian social life died in 1833. The last historic link was severed with the death of Kaspar Hauser. This was again the Shadow of the Antichrist: 1833 … 1933. Kaspar would have been the historic link, among Goethe's 'three kings' so to speak, the king of the mysteries of the will. We can take up the task of Kaspar Hauser of realizing esoteric necessities in daily life. We must believe that our efforts, however humble, are vital if anthroposophy is to lead across the threshold of the year 2000 into the new millennium.

We may have the feeling today that the impulse of Camphill is finished with the year 1999. There are plenty of justifications for feeling like this-because community living is so difficult, because linking to mankind is so difficult, because we must start not globally but with the man from next door, start from where we are and expand our interest, and our egoism. For egoism cannot be cast aside, but it can be expanded through the vessel of a truly Michaelic cosmopolitan community building impulse. This is not an easy way to go.

The impulse of 'mankind' can no longer just descend out of the spiritual world. It can only come towards us if we activate our own will. As individuals it can only come towards us as an image of mankind. It is an imagination that comes towards us from the future. It doesn't exist if we do not will it and if we do not connect the individual practice of spiritual imagination to an earthly social reality.

It is essential to understand the nature of this process that Rudolf Steiner has described exactly, step by step, in the Fundamental Social Law essay. It is a process that can lead to a new perception-firstly an imaginative perception-of mankind. Of course the foundations have to be laid by each individual in his inner work; for instance in that steps are made towards imagination. This foundation is described exactly in 'Knowledge of the Higher Worlds …' where Rudolf Steiner reminds us that the path of individual schooling is only valid if it strengthens our connection to humanity.

However, the earnest endeavors of individual practice can only lead us in the direction of humanity if we apply them in outer everyday social life. Community building is the first step, without which this path cannot be taken. We could also say: community building is the mystery schooling of today just because it is the microcosmic practice ground for what is to be a new humanity in the future. Community building is the only activity that can bridge the huge abyss between the individual and his archetype.

Mankind is an image. I haven't invented this. Rudolf Steiner wrote it into his essay about the Fundamental Social Law, which just waits to be discovered in its depths. In the third essay about the Fundamental Social Law he takes three steps:

Of course we must have the physical, outer implementation, so that no one has to live off his own wages.

The individual must find his own karmic connections to the setting he is living in. 'I want it to be the way it is. I want the people I work with to be exactly the way they are. Karmically I want it to be exactly this way.' Why is that so? Then I will discover my connection to mankind in the end. The individual must ask: 'why do I want the situation to be the way it is?' If you ask this, then you can realize you have a piece, a part in it. This seems to be the crucial step: there is a lot of work to be done here! It is not enough to talk about the spiritual mission of a community as if it were something objectively relevant. The spiritual mission of a community only has relevance if I see myself in it. It is dependent on the will of the individuals. This belongs to the second step, my relationship to the spiritual mission of my community.

And after this process, then the spiritual beings of the communities in which this is practiced will unite to form a 'spiritually true image of the future of mankind'.

This is what the Fundamental Social Law is all about. It is a communion of spirit beings that can only take place, if we on earth put our will to this cause of mankind.

The mysteries of the will take place where I make my individual preparation, in the social context in which I do my daily work. What can we really do about this as members of the Camphill Community? Do we have the right perspective for our daily life? The motivation for our work can become so veiled. Can we again find the motivation for our work on this level? Surely Karl König saw this as his task. Can we realize that there where we do our daily work we have the realities of the Michael mysteries? That is why community building becomes more and more difficult-at last the remnants of the old mysteries have left us in freedom to do something which is without precedence, this creation out of nothingness. The mysteries always put impulses into practice that were simply impossible out of the outer development of history at that point of time. We must do the impossible. And we must realize that our friends, colleagues and others who annoy us in social life are also confronted with impossible tasks. Herein we unite!

These three essays confront us with profound questions. How do I work through the questions of my karmic connections to the mission of a community? This is difficult but also yields a wealth of youth forces if we persevere. Rudolf Steiner wrote in a letter to General von Moltke who certainly had a most difficult personal karma as well as in connection to Middle European and world events: 'Say 'yes' to your destiny[7]. This is the soul's most secure achievement and one that generates life forces.' Only if we make this step into the future can we generate the forces of life that we so sorely need.[8]

It is part of the tragedy of Rudolf Steiner's biography that the depth and significance of the Fundamental Social Law were not recognized. The criteria were not there for forming communities where individual karma could be healed to prepare the way for the karma of mankind. And Rudolf Steiner again and again pointed to the healing qualities needed in social life. The Fundamental Social Law actually begins with the words: 'The well-being of the community …' 'Das Heil einer Gesamtheit von Zusammenarbeitenden Menschen'[9] But the situation had not been adequately prepared. There did not exist a sufficient unity that could then receive karma-healing forces. Instead a karmic battle was already breaking out when Rudolf Steiner died in 1925. The next step of the 7-year rhythm of the Fundamental Social Law should have been in 1926! Then 1933 would have followed as the date of the appearance of the Christ in the ether realm.

In the end we have-instead of the full step of 1926 – a seed sown into hearts at the 1924 Christmas Foundation Meeting. The higher ego of the human being was addressed in its threefold connection to earthly existence with Christ in the middle. In the fourth part, the light and warmth of Christ is addressed in the form of a new prayer for mankind: 'That Good may become what from our hearts we would found …' 'We' is the key to a new mankind: the unity of willingness. What a task for the future-to achieve not just common understanding, not even common feelings, but common will! Today that is still a contradiction in itself. It is the future!

'What we in unity will to do with common purpose.'

Mankind is the common purpose.

And may I just add that the only physical remnant of the first Goetheanum was its center, its heart and purpose: the statue of the Representative of Man, an artistic image of the human being and of mankind. It remains unfinished.

Georg von Arnim / Richard Steel

Das Soziale Hauptgesetz als sozialgestaltendes Prinzip

Obwohl deutlich wird, dass die Gesetzmäßigkeit, die Rudolf Steiner als die hauptsächliche im sozialen Leben bezeichnet hat, für die heute sehr aktuelle Frage der Lohngestaltung von großem Belang ist, wird bei näherem Betrachten ebenso deutlich, dass sie sich darin längst nicht erschöpft. Daher sei hier versucht, auf einige Aspekte hinzuweisen, die weit über dasjenige hinausreichen, was mit der unmittelbaren Lohn- und Bedürfnisfrage zu tun hat. Es geht zunächst darum, die notwendige Art der Regulierung rechtlicher und ökonomischer Prozesse in eine weitere Perspektive hineinzustellen.

Die Ausführungen Rudolf Steiners zum Phänomen des sozialen Hauptgesetzes legen uns nahe, eine Verbindung in zwei Richtungen zu untersuchen. Einerseits wird deutlich, wie eine praktische Einrichtung in der Sozialgestaltung, die dieser Tatsache Rechnung trägt, eine unmittelbare Entwicklungsnotwendigkeit für die Menschheit heute bedeutet. Sowohl der Vortrag vom 26. 10. 1905[1] als auch die Aufsätze 1905/06[2] weisen stark in diese Richtung. Die Frage ist, in welchem Zusammenhang mit der menschlichen Bewusstseinsentwicklung diese Notwendigkeit steht.

Andererseits besteht offensichtlich ein enger Zusammenhang mit der Wahrnehmungsfähigkeit des Menschen für die Gesetzmäßigkeiten von Reinkarnation und Karma. Besonders der 3. Aufsatz, in dem das Soziale Hauptgesetz formuliert wird, deutet diesen Tatbestand an; dort geht es zunächst um die *«Mission»*.

Unmittelbar nach der Formulierung des sozialen Hauptgesetzes kommt eine Ausführung über den Egoismus – man ist bei der Umsetzung des sozialen Hauptgesetzes in Wirklichkeit darauf angewiesen, dass in der *«Gesamtheit»* (Gemeinschaft) Menschen sich zusammenfinden, die *«den Weg aus dem Egoismus herausfinden»*. Dies hängt ursächlich damit zusammen, dass die *«Gesamtheit»* eine geistige Mission hat; *«und jeder Einzelne muss beitragen wollen, dass diese Mission erfüllt werde».*

Die Einstellung – man könnte auch von *«Gesinnung»* sprechen – die in diesem Verhältnis des Einzelnen zur Mission der Gesamtheit entsteht und entstehen muss, ist die, *«dass ein jeder sich sagt: sie ist richtig und ich will, dass sie so ist».*

Diese Art der Gesinnung wird dann später nochmals von Rudolf Steiner beschrieben; dort stellt sie deutlich den ersten Schritt zu der Entwicklung dar, die – wie in einer Kulmination – am Ende des Aufsatzes aufscheint:

Es geht darum, dass der Mensch einsehen lernt, *«dass ihn sein wohlbegründetes Schicksal in die Menschengemeinschaft hineingestellt hat, innerhalb welcher er ist».*

Dieser erste Schritt begründet letztlich den Weg zu dem Erkennen und Aufnehmen der Mission des ganzen Menschengeschlechts, – den Weg zu dem *«Sinn des ganzen Erdendaseins».* Dieser Schritt des Erkennens und doch auch der Bejahung des eigenen Schicksals wird aber auch so beschrieben, dass er nicht eine bloß nüchterne Vernunftsache bleibt, sondern *«die ganze Seele mit innerem Leben erfüllt».*

In einer Notiz an Helmuth von Moltke finden wir einen ähnlichen Hinweis auf die grundlegende Bedeutung dieser Schicksalsbejahung; in diesem Zusammenhang bezeichnet sie Rudolf Steiner als *«Der Seele sicherster Gewinn».*[3]

Man kann sich fragen, warum solche offenbar weitreichenden Aspekte der praktischen Karma-Erkenntnis so unmittelbar in Zusammenhang mit dem sozialen Hauptgesetz geschildert werden.

Noch zentraler wird dieser Zusammenhang von Rudolf Steiner etwa 7 Jahre nach der Veröffentlichung der Aufsätze in dem Vortrag vom 21. Februar 1912[4] formuliert. Hier wird festgestellt, dass vor allem die Bezahlung der Arbeit es ist, die uns daran hindert, die Bedeutung von Reinkarnation und Karma zu erkennen – die sozusagen einen Schleier davor zieht. Gerade dieser Vortrag hat eine ganz besondere Stellung bezüglich der Unterbreitung der Dringlichkeit, die mit dem Anerkennen dieses sozialen Hauptgesetzes einhergeht. Zunächst wird über die Karma-Erkenntnis Folgendes ausgesagt:

«Die Art und Weise, wie die Menschen sich aneignen werden diese Überzeugung von Reinkarnation und Karma, wie sie die Möglichkeit finden werden, den Gedanken von Reinkarnation und Karma in das allgemeine Leben überzuführen, das wird eben dieses moderne Leben von der Gegenwart in die Zukunft hinein im wesentlichen umgestalten. Es wird ganz neue Lebensformen, ein ganz neues menschliches Zusammenleben schaffen.»

Im Anschluss an diese Stelle und bevor Rudolf Steiner dann über die Bezahlung der Arbeit spricht, folgt eine Bemerkung über die Entstehung einer «weiten Kluft», eines «tiefen Abgrundes». Man kann den Eindruck haben, dass darauf hingewiesen wird, wie ein Abgrund sich auftut zwischen der Geisteswelt und dem praktischen irdischen Leben: ein Abgrund, der beim einzelnen Menschen zwischen Innen und Außen entsteht.

Aber gerade das kreative Gestalten des Verhältnisses zwischen innerer Arbeit und dem irdischen Alltagstun hat sehr mit dem Anliegen, das Soziale Hauptgesetz in die Wirklichkeit umzusetzen, zu tun. Rudolf Steiner bemerkt weiter: «Und man möchte sagen: Für die meisten Menschen, und auch für die Anthroposophen der Gegenwart, ist dieses Zusammenstimmen ihrer anthroposophischen Überzeugung mit dem, was sie draußen im alltäglichen Leben tun und vorstellen, fast gar nicht vorhanden.»

Wir können außerdem daraus schließen, dass das Verhältnis des Menschen zur Frage des Arbeitslohnes einerseits und sein Verhältnis zur Menschheit und zur Menschheitsentwicklung andererseits zutiefst eine Angelegenheit des Abgrundes ist – eine Schwellensituation. Alleine das Bewusstsein dafür zu bekommen, dass wir in diesen Fragen unmittelbar mit der Schwelle, mit dem Abgrund zwischen Geistweit und Erdenwelt zu tun haben – also uns *nicht* nur auf der Alltagsebene bewegen – alleine diese Bewusstseinserweiterung würde Bedeutung für den Bezug haben, den wir zum Sozialen Hauptgesetz haben. Es geht offensichtlich darum, dass im allerpraktischsten Leben *diesseits* etwas zustande kommen muss, das sich jenseits der Schwelle wiederholt, das ein Spiegelbild ist dessen, was geistige Wirklichkeit tatsächlich ist.

Fragen wir weiter, womit diese Schwellensituation zu tun hat, so können wir erfahren, dass ein wesentliches Element darinnen zu finden ist, dass der heutige Mensch sich in der Lage befindet, dass er dasjenige überwinden muss, was sonst so sehr zu der Verwirklichung seines eigenen Selbstes beizutragen scheint – den Egoismus. Es wird sehr viel davon abhängen, dass erlebt wird, wie sehr der eigentliche Begriff der Freiheit zu tun hat mit dem Überwinden des Egoismus, um den Schritt zum Menschheitsmäßigen hin machen zu können. Zu diesem Schritt gehört es, dass alles dasjenige, was mit Erbvorgängen und mit Bluteskräften zusammenhängt, abgelöst wird durch einen neuen, bewussten Bezug zum Geistigen – ein Bezug, der allein aus der Kraft des individuellen freien Willens heraus geknüpft werden kann. In früheren Zeiten der Menschheitsgeschichte waren es gerade diese Blutabstammungsverhältnisse, die die Verbindung zur geistigen Welt gewährleistet haben. Wenn auch das Geistig-Erlebte der Vorgeburtlichkeit vergessen worden war, so lebte in den Abstammungsregelungen für das soziale Leben eine Anerkennung dieses vorgeburtlichen Lebens.

In dem Vortrag vom 29. 10. 1920[5] bespricht Rudolf Steiner ausführlich diese Entwicklung und ihre Bedeutung für die Gestaltung des sozialen Lebens. Gerade dort geht es ihm um das Eingreifen dieses neuen Bewusstseins der geistigen Welt bis in das Konkrete, *Wirtschaftliche* des Lebens hinein:

«Jetzt ragt herein das andere, das dämonisch werdende Wirtschaftsleben. Jetzt muss auch wiederum anerkannt werden der Mensch nach seinem geistig-seelischen Kern; und ebenso, wie man hinsehen wird auf das Dämonische des Wirtschaftslebens, wird man anfangen müssen, hinzusehen auf das, was der Mensch durch die wiederholten Erdenleben trägt. Man wird hinzusehen haben auf das, womit er hereinkommt in dieses Leben.»

Im Weiteren (vor allem im folgenden Vortrag über die Wiedererscheinung Christi) wird beschrieben, wie die Erziehung sich nach diesen Entwicklungstatsachen wird richten müssen, damit nicht das im Vordergrund steht, was durch die Vererbung fließt, sondern dasjenige sozial wirksam wird, was bewusst geistig erlebt werden kann. Der Pädagogik kommt immer mehr die Aufgabe zu, den Menschen so zu erziehen, dass er sich frei – durch Überwindung der Erbverhältnisse – entwickeln kann. Dies ist natürlich gerade im «Heilpädagogischen Kurs» Rudolf Steiners ein wichtiges, alle Vorträge durchziehendes Thema.

Man kann immer stärker wahrnehmen, wie die Vererbungskräfte an Tragekraft verlieren – sie sind wie «erschöpft». Die künstliche Fortführung des «Erbdenkens» wird geradezu schädlich für den Fortgang der Menschheit; man denke an dasjenige, was durch die Genforschung bereits betrieben wird. Sich von den Erbverhältnissen zu befreien, um einen neuen Bezug zum Geistigen aufzubauen, ist zugleich eine Befreiung aus den Zwängen der äußeren Verhältnisse. Dazu gehört unmittelbar der Schluss, dass Geld oder Besitz nicht erbbar sein können.

Was könnte es sein, das der Mensch früher hereingetragen hat ins Erdenleben aus dem Vorgeburtlichen heraus? Vorgeburtlich steht sein Entschluss, diese oder jene Aufgabe auf sich zu nehmen direkt im Zusammenhang mit einem *bildhaften Eindruck* des Menschheitsganzen. Dieser Zusammenhang blieb dem einzelnen Menschen stets unbewusst – die Mysterienweisen haben die Möglichkeit gehabt, durch ein «Lesen» in den Erbverhältnissen, das Soziale nach diesen Prinzipien zu ordnen. Der Mensch konnte sich diesem selbstverständlich unterordnen. Als Autoritätsprinzip lebte diese Tradition auch noch wesentlich länger, als die Mysterieneinsicht in Wirklichkeit in der Lage war, es zu durchschauen. Wir haben es mit einem Dreischritt zu tun: Früher gab es einen Staat des Geisteslebens; in der Tradition – aber nicht geistig erfüllt – lebte ein Autoritäts- oder Rechtsstaat weiter. Heute haben wir ein Wirtschaftschaos, das aber in die Zukunft weist. Wir müssen bis in diese Wirtschaft bewusstseinsmäßig – geistgemäß gestaltend – eindringen.

Bis in unsere Zeit hinein, in allen Einrichtungen und Gewohnheiten des sozialen Lebens, haben wir es zu tun mit leeren Überbleibseln eines alten Mysterienprinzips: Der mitgebrachte Entschluss für das eigene Schicksal aber passt nicht mehr in ein einheitliches Bild der Menschheitsmission! Wie ist dies neu zu erringen?

In großartiger Weise hat Rudolf Steiner die Antwort auf gerade diese Frage in den drei Aufsätzen beschrieben, in denen als Zentrales das Soziale Hauptgesetz formuliert wird! Es geht nicht nur darum, ein Empfinden für das *eigene* Schicksal zu bekommen, sondern dies in Bezug zur Menschheitsmission *bildhaft zu* erleben.

Dieses Bildhafte muss heute *erarbeitet* werden, und offensichtlich ist es wie eine Vorbedingung für dieses Erarbeiten, dass der Egoismus, der an die Blutsverhältnisse gebunden ist, überwunden wird. Genauer noch: Bedingung ist, dass im Sozialen solche Einrichtungen geschaffen werden, dass dem Sozialen Hauptgesetz Rechnung getragen wird.

Um nichts Geringeres geht es in diesen Aufsätzen, als dass ein neues Bild der Menschheitsmission dadurch entsteht, dass Menschengemeinschaften, die in Einklang mit dem Sozialen Hauptgesetz leben, es *gemeinsam neu schaffen:*

«Er (der Mensch) kann einsehen, dass ihn sein wohlbegründetes Schicksal in die Menschengemeinschaft hineingestellt hat, innerhalb welcher er ist … und ferner wird er den Sinn erkennen, welcher mit der Menschengemeinschaft verbunden ist, welcher er angehört. Er wird die Verhältnisse begreifen, in denen seine Menschengemeinschaft sich zu anderen stellt, und so werden sich die Einzelgeister dieser Gemeinschaften zusammenfügen zu einem *geistig-zielvollen Bilde* von der einheitlichen Mission des ganzen Menschengeschlechtes.»

Gerade diese Kulmination am Ende der Aufsatzreihe ist wohl unmissverständlich; so wie Rudolf Steiner es schon 1905[6] andeutet, ist es letztlich eine Aufforderung, dass Menschen sich zusammentun sollen, die das Soziale Hauptgesetz *verstehen und verwirklichen* wollen. Dies ist wohl im Sinne des Ausspruchs der «Partiellen Lösungen», die nach dem Scheitern der Dreigliederungsbewegung angestrebt werden sollten.

Aus den drei Aufsätzen heraus macht Rudolf Steiner die Notwendigkeit des Übungsweges der Einzelnen deutlich; auch die Notwendigkeit des *Verstehens* wird deutlich – *zwei* Kriterien, die ja Robert Owen nicht einsehen konnte. Dieser Weg geht auch nur durch die Hilfe der Geisteswissenschaft. *Aber* es muss auch tatsächlich *gewollt und getan* werden. Wir erinnern uns an die oben angeführte Aussage über das Nicht-Zusammenstimmen von Innen und Außen. Das Gewicht dieser Frage hat sich wohl seit 1912 nicht grundlegend geändert.

Doch ist der Mensch heute viel mehr, als er annehmen möchte, in Gewohnheiten verstrickt und in Zwängen gefangen.

Die wirkliche Bedeutung des Sozialen Hauptgesetzes wird erst erlebbar, wenn wir bemerken, in welchem Maße die Menschheitszukunft davon abhängen wird, dass solche geistigen Gesetzmäßigkeiten im irdischen Leben berücksichtigt werden. Hierzu sei an die ernste Mahnung erinnert, die Rudolf Steiner in den Vorträgen «Das Karma des Berufes»[7] ausgesprochen hat:

«Zur Auflösung aller Menschheitsbande würde der rein äußerliche Fortschritt in der Berufsentwicklung führen. Dahin würde er führen, dass die Menschen sich immer weniger und weniger verstehen würden, immer weniger und weniger Beziehungen entsprechend den Voraussetzungen der Menschennatur entwickeln könnten. Die Menschen würden immer mehr und mehr aneinander vorbeigehen, könnten nichts anderes mehr suchen als ihre Vorteile, könnten in keine anderen Beziehungen zueinander kommen als in die Beziehung der Konkurrenz. Das darf nicht der Fall sein, weil sonst das Menschengeschlecht in die vollständige Dekadenz verfallen würde … Die Hölle würde kommen, wenn nichts weiter das Menschengeschlecht beherrschen würde als Konkurrenz, Erwerbssucht … Denn schließlich, ein anderer Pol müsste schon da sein, wenn es überhaupt weitergehen sollte. Würde man einen geistigen Pol nicht suchen, so müsste man einen ahrimanischen Pol haben. Wenn die Berufe sich spezialisieren, so könnte man als Einheit ja noch immer das haben, dass man sagt: Gewiss, der eine ist das, der andere ist jenes, aber alle haben das gemeinschaftlich, dass sie durch ihren Beruf möglichst viel erwerben wollen, und das ist es, was alle gleich macht. – Gewiss, aber es ist ein rein ahrimanisches Prinzip.»

Zum Abschluss seien die Anfangsfragen neu zusammengefasst: Welche Art der Sozialgestaltung wird in der Zukunft da sein? Heute bereits ist stark erlebbar, dass die Nationalstaaten es *nicht* sein werden. Die Blutsverbundenheit und Erbverhältnisse können nicht mehr tragen. Die Kraft der Individualität wird sich durch das Einbeziehen des Sozialen *stärken* müssen, damit ein Reinkarnationsverständnis als gemeinschaftsbildendes Prinzip sich herausentwickeln kann. Dann handelt es sich tatsächlich um eine aus esoterischen Quellen heraus gewonnene soziale Form. Dies würde eine Überwindung des *«tiefen Abgrundes»* bedeuten.

Das Soziale Hauptgesetz scheint der heute zugängliche Schlüssel zu sein.

Richard Steel

The Fundamental Social Law – Background and Reality

I. Camphill – Threefolding – Economics

At Easter 1992 the Camphill Movement staged two consecutive conferences to the theme of the Fundamental Social Law. The necessity seemed to arise directly out of the burning needs of our time. Talks in the various regions, the work of specific groups around the movement flowed together. The urgency of the world situation raised the question as to what Camphill as a movement could turn to towards at the end of the century to be of help.

For the last 50 years the Camphill Movement has tried to live more or less consciously with the reality of the Fundamental Social Law as Rudolf Steiner described it in his essays[1]. In the early years it was a simple matter of fact, that one lived without wages – where should they have come from? … and that the motivation for the work that was done sprang directly out of idealism, out of immediate experience of necessity: And this not just on an every-day level, but in the 1940's it had become an existential question for mankind, what image of man, of human life would evolve to guide the world into the future. To uphold and to develop further a true image of man during the dark period of history around the middle of our century; to attempt to realise this image of man right into the details of practical life in the exemplary setting of exile – this was cause enough for so many individuals to put their life to the disposal of community aims.

It was Karl König himself who began then lifting elements of community strivings onto a level of consciousness: In the essays about the Camphill Movement these elements find a very special form of description – the Fundamental Social Law is to be found as one of the three leading principles; one of three essential pillars[2]. In the First Memorandum of the

Camphill Community it becomes clear, how essential and central just this principle was found to be – it is the key to the connection of individual striving to community striving: But at the same time it is a plea from Karl König; it becomes more and more necessary to develop a more conscious relationship to the motivation for ones work: The ideal to work out of love for mankind and the needs of mankind instead of the only 'half-liberated' ideal of self-interest which Rudolf Steiner points to[3]. Also consciousness should arise about the spiritual consequences of this motivation. In keeping with the connection made through the First Memorandum between the Fundamental Social Law and Community Membership, these contents were taken up at a spiritual level in the inner community, as was also the 'patron' of this one of the three pillars; the individuality of Robert Owen. Of course he was mentioned a number of times in this context by Rudolf Steiner; particularly in the essay mentioned above.

Another step began for Camphill at Easter 1992 with the two movement conferences in Scotland and in Föhrenbühl. It was the intention, that the whole movement in preparation for this event – and also in consequently continuing this impulse afterwards! – would turn to experience made over the past decades, but also newly turn to the well-springs of this social impulse and its spiritual-historic setting.

I would like to see it as a step in continuation of this task in attempting this article. After the apparent failure of the movement for a threefold social order Rudolf Steiner made an interesting comment. But first to the historic situation: Those who would have been in a position to intervene in the process of transformation of Europe at the end of the first world war had not had the conviction (or courage?) to present the possibilities of social renewal Steiner had prepared for them. It was the Austrian contingent, where top politicians and even the last Austrian Emperor, Karl had been thoroughly briefed by Count Polzer-Hoditz, whose brother worked closely with Rudolf Steiner. On the German side Prince Max of Baden himself had conferred with Steiner. Soon after the European acceptance of abstract Americanism with Woodrow Wilson's 14 point-plan it became obvious that even the optimistic practical beginnings of the economic venture 'Der Kommende Tag', which Steiner had helped patiently and with great efforts, would not be able to inaugurate social renewal 'from the shop floor'. This could have become a living example of the reality and practical possibilities of threefoldness in a time of economic re-building and re-orientation within a broken Europe. At this time Rudolf Steiner had to state the fact that the opportunity had been missed to implement threefoldness on a national, political scale – then came the remark which can be seen as an appeal to social inventiveness and imagination such as lived in a person like Karl König:

One would now have to look toward, the possibilities of *parzielle Lösungen:* of 'partial realisation' or 'exemplary solutions'.

One attitude we learn through Anthroposophy – and particularly in its practical realisation in social life is that there is no singular true solution to any particular question, but that each individual situation has to be viewed in its own settmg. This gives a special pertinence to the aspects of Owen's efforts described by Rudolf Steiner in his essay: Social life can only be directed out of the spiritual realm – the common spiritual mission lacking in Owen's communities. It is in other words anything but a step back to theocratic society of priest-rulers: The spiritual world reveals to us no longer Omni-valid and absolutistical directives! The necessity of commonly turning to the origin of spiritual realities evolves just because of the fact, that in social life today they have to be implemented according to prevailing social realities. Today the outer realities formed through past destiny and the destiny of the individuals involved have to be taken into consideration. They have evolved through freedom – freedom from spiritual realities!

This I mention, because it seems to be a great possibility (but also a responsibility!) for Camphill as a world-wide Movement, a social organism consisting of many small social organisms, to strive towards this task of 'partial realisation!' But. We must not forget that there is no singular answer! What again and again seems to be our downfall, our weakness, could actually be our strength and our contribution to social science in the age of Michael, the cosmopolitical age.

For instance: Can we help each other to find the unity of spiritual reality by learning from the experience resulting from so many regional, national and destiny-wise diverse settings! lt seems to me, that just in this area we have a great task before us!

Experience shows that certain topics of conversation are destined to polarise opinions – even to cause immediate disagreement! They are for instance: Clothing, nutrition and money! Just such areas that are so close to the question of bare existence – to the basic needs of man – have to be penetrated by consciousness today. It is also a task of our epoch, of the Michael-age, to raise polarisation into the level of trinity.

This can begin today with the conscious founding of an economic realm by those living and working together.

Out of the first 50 years of Camphill history we have received a legacy – an amount of 'practical spiritual capital'. We must realise that 'interest' does not arise of its own accord! It arises out of the Will-Sphere; from the deed. Our interest (inter-esse = personal involvement; to put oneself existentially into the situation of the other) is necessary particularly in the realm of the fundamental social law. We have to work on and not rest at ease, believing that a social form can carry us into the future.

If we turn to the essays in which Rudolf Steiner formulated the fundamental social law we find that he points to three realms as being equally essential for the social question:

1) Striving towards a common mission within the social organism (free spiritual life)
2) Freeing labour so that the individual can experience his karmic connections within his social environment and his task for mankind (sphere of rights)
3) Creating practical structures to enable each individual to live according to necessities and not in connection to his work-abilities. (economic life)

As a fourth element something of greatest importance is touched on repeatedly by Rudolf Steiner – a fourth element which runs as a golden thread through the 3 spheres but particularly pertains to the renewal of economic life: On the one hand he says that the fundamental social law means 'no less' than the means to overcome egoism. On the other hand he remarks that such strivings can only succeed if they are based on a group of individuals who seek the way out of egoism. It is the fundamental question of ego-development.

It does good I believe, to contemplate the implications of these three steps and the fourth as 'simultaneous precondition and aim' for the chaotic and catastrophic conditions in economic life today. Although I would leave this activity to each one who can try it, I would nevertheless point to one area that is I think of foremost importance today: Rudolf Steiner once gave an explanation of the cause of unemployment, which to a degree remains a riddle – he pointed to the fact that too many people have senseless occupations! How much would change if man's motivation for work was not the payment but the experience of his unique possibilities of contribution as an integral task within social and indeed world necessity? Senseless production, destructive methods and products would become truly questionable. Tasks that can be seen today around us, which remain untouched simply because they would not be paid for – or at least not enough – could be tackled. Perhaps even those able to do a job would be allowed to do it – independent of state qualifications … We can see that in this way the tangle of rights and economics could be solved – new economic forms could arise, allowing eventually brotherliness to take the place of egoism. We can also see, that two forces would be called into their own right alongside the monopolising science of today: The culmination of artistic practice – *social art* – would be needed; and new aims for social life would have to be founded out of *religious substance.*

Here I would particularly like to remind of the deep Christian task within economic life: As we know from Rudolf Steiner's description of the 'Fifth Gospel', the temptation lanced by Ahriman could not fully be overcome by Christ – he had to admit that 'Man does not live by bread alone …' – but bread is needed also.

Since then we have seen economic life developing within this realm; turning stones to bread.

Here we could even see an image of payment itself. The Christianisation of economics, which is of such great need today, means 'nothing less' than furthering the deed of Christ; in redeeming the temptation of Ahriman.

The time is ripe!

Within Camphill we have attempted to work intensively on social threefoldness as a therapeutic social impulse; trying to review our local, regional and movement -wide structures out of these endeavours. Within the economic sphere we could have experience of very specific help given by two friends I would like to mention here: Carlo Pietzner and Peter Roth. Those two had a particular interest in furthering just this economic work – of course one especially with an artistic approach and calling on the abilities of Social Art; the other wakening a new consciousness for religious striving. Peter reminded us again and again about the need to face Ahriman today and about the necessity of a new *sacramentalism.*

Through Carlo we turned repeatedly to a cycle of lectures by Rudolf Steiner which present a number of extremely striking perspectives for social renewal[4]. One thing becomes clear: social threefolding today – or even social renewal altogether – must take its initial steps within economics! ('Get hold of a broom and sweep everything out of economic life that denies the spirit.')

But it is not my intent to relate past events; rather to call up further research and above all to encourage further practical realisation, that Rudolf Steiner's seed-germs reach the sphere of Will!

II. The New Mysteries of the Will

An attempt to understand Rudolf Steiners impulse of the Fundamental Social Law within the history of incarnation of the new mysteries could perhaps point out the esoteric depth and the necessity of exoteric (practical!) initiative.

Going now into the last 7 years of this millennium and at the same time reaching the 70th year of the Christmas Foundation Meeting, we are obliged to look back to the beginning of our century and to the steps leading to Christmas 1923/24.

From certain aspects one has traced the roots of social threefolding back to lectures by Rudolf Steiner in Zurich in 1917 and to the book 'Riddles of the Soul' from the same year. I would however particularly like to draw attention to the very portal of our century: For Goethe's 150th birthday – 28th August 1899 – Rudolf Steiner published an essay in the 'Magazin für Literatur' about the fairy tale 'The green Snake and the Beautiful Lilly'. Here we already find very special remarks about the three Kings and the connection of Goethe's fairy tale to the social question – the questions arising form the French revolution belong to the sources of inspiration. Then on Michaelmas day 1900 Rudolf Steiner gave a lecture on the same theme in Berlin. It is said by him, that this was the first opportunity to speak directly out of an esoteric level: The beginning of modern spiritual science. Perhaps we should remember that the action of this fairy tale is engendered by the fact that the will-o-the whisps want to pay for the work of the ferry-man, who then has to rid himself of the gold coins which in turn enable the snake (who can transform them) to develop light for the underground temple.

Already we see the great theme arising within imaginative pictures – not yet totally unveiled by Rudolf Steiner. Nevertheless it becomes clear – the transformation of payment is a precondition for the sacramental element necessary for the magnificent rainbow bridge, opening the temple-mysteries for mankind.

Leaving now this image of the 'portal' to our century, which I would like to characterise as the century of the bridge over the threshold, we now turn to the point when Rudolf Steiner finds the first possibility to let the esoteric substance flow into an earthly social form:

In *1902* Steiner takes on the position of general secretary for the German section of the Theosophical Society. On the one hand this step opened up many possibilities of development leading to the founding of the Anthroposophical Society. This date is often looked at as being connected by biographic-historic rhythms to the later developments (particularly F.W. Zeylmanns van Emmichoven spoke about this). We can trace three definite steps in seven-year periods:

1902–1909 (Fundaments of spiritual science; for instance 'Theosophy', 'Knowledge of higher worlds' and 'Occult-Science; an outline'.)

1909–1916 (The new approach to Christianity and the arts – particularly the Mystery plays, Eurythmy and the building-impulse of the Goetheanum. During this period Rudolf Steiner has to break with the Theosophical Society and found the Anthroposophical Society.)

1916–1923 (Leading to the Christmas Foundation Meeting, but also including the movement of social threefolding and the development of practical vocational fields: Education, medicine, religion, natural science etc. The lectures 'Karma of vocation' fall in the beginning of this time).

Of course it is specially interesting for us to see that the beginnings of curative education and of the new agriculture fall into the short time after this third period!

1902 1909 1916 1923

Following this Seven-year-rhythm from 1902 is however looking to the *positive* side of events: Now let us look at what was *hindered* in 1902!

Before taking over the leadership within the German Theosophical Society Rudolf Steiner was only a member for a very short time. He wanted to hold a festive lecture for this occasion in October 1902 about 'Practical Karma Exercises'. The response did not make this possible! Being prevented from opening up certain mystery-truths meant for the initiate Rudolf Steiner that he had to wait another three years before presenting them in public:

On 26th October 1905 this could take place! It was a very special time – as most will know – when Steiner could renew the Freemason-impulse and talk about its true origin and tasks and about its future development in the lectures we know as 'The Temple Legend' cycle. (At this time Rudolf Steiner was working intensively with the question of the rainbow-bridge! Simultaneously the artist-movement 'The Bridge' was formed by Heckel, Kichner, Nolde etc.)

Between the lectures about Freemasonry and the lecture about *The Kingly Art* was a public lecture in Berlin called 'The Social Question and Theosophy'. Here the Fundamental Social Law is described *one year before* the better known Essay. This lecture is not only *not* translated into English, but has not even been published in German within the 'Gesamtausgabe'! For this reason I include here my attempt at translating at least the main part – the last third of the lecture.

If we now follow the cycle of seven-year periods as from *1905* we find the appearance of the Fundamental Social Law in its different settings:

1905 – Practical, but very much in the context of the esoteric work

1912 – In connection with reincarnation and Karma. Peter Roth has written about this in 'Camphill Correspondence' (May/June 1992). The important lecture by Rudolf Steiner on 21 st February 1912 (GA 135) describes how payment of work hinders the experience of reincarnation and Karma.

1919 – In connection with social threefolding. In many different lectures the Fundamental Social Law is described as it would be needed within the political realisation of the Threefold Social Order.

This rhythm would then lead up to the year 1926!

1902 1909 1916 1923
1905 1912 1919 1926

One could perhaps ask the question: What would have been and **should** have been the character of the Fundamental Social Law in 1926?! Particularly after the new and intensive revelations about Karma one could certainly imagine that the whole anthroposophical impulse would have gone much more and much deeper into practical – social – life out of the impetus of the Christmas Foundation Meeting. Just in those Karma-lectures Rudolf Steiner encourages us not only to look back at historical situations, but also to ask what would have happened if one or the other factor would have been different. Let us just do this! My impression is that it could be fruitful for us to ask such a question about the Fundamental Social Law in order to link on today, 70 years after the Christmas Foundation. This impression can be strengthened by a remark Rudolf Steiner made – again during the Karma-lectures (16th April 1924):

'… the title I had chosen for my lecture in Berlin was 'Practical Karma exercises' ('Praktische Karma-Übungen'). At that time I had intended to introduce something that can only now take place. I want to get down to serious studies in Karma … After more than twenty years of preparation the Christmas Meeting could take place and with it the esoteric stream can flow into the Society. Therefore our work can now really link on to those intentions of carrying an esoteric Impulse into the Society …'

… One can sense that these intentions of 'practical esoteric' work would have evolved out of the Karma-lectures. Rudolf Steiner could then have linked on to one of those practical impulses – namely that of the Fundamental Social Law.

Would that have been in 1926? What connection would it then have had to the esoteric work in the Michael-School? Certainly the connection would have been at least as strong as it had been to the pre- war esoteric work. This connection is documented by the lecture of 26th October 1905 and by its chronological standing. But the social fundaments were not prepared!

Further one could look at the next cycle of 7 years – what took place in world history through the fact that the esoteric impulse for social life hat not been realised? We come to the year 1933.

Here, I feel, are tasks – tasks of spiritual research.

In a day and age where the outer situation of economics, the outer situation of labour, force man to rethink the connection between work and payment; in a time where for a large proportion of 'civilised' mankind this connection has been severed by force – then we must turn with new energy, new interest to this question and be willing to consciously explore the true esoteric necessity of the Fundamental Social Law.

The more the outer 'realities' (maya?) *seem* to promote conditions in accordance to the fundamental Social Law and one just 'makes do' with comfortable habits, the more the true basis, the inner reality, drifts in just the opposite direction. And I am sure that this is one of the greatest temptations of our time; Ahriman does not appear before us suddenly to confront us with the decision for good or evil, but prepares his incarnation slowly and carefully, using preferably such areas of our life where awareness is weak and his methods can be accepted readily piece by piece. Vladimir Soloviev describes this in 'The Antichrist'.

At a time when economists, unemployed people and any others who awaken to the signs of our time are searching more and more for new answers, we must ask ourselves if we should not have more possibilities to show a path forwards guided by Rudolf Steiner's work.

It is an interesting observation of experience, that the first two realms of the social order can be established to a certain extent today; but to raise economics into its new task – which would be the necessity for present social development – evades our possibilities again and again. We come down to very basic questions of existence!

In Camphill for instance, the *College Meeting* has become centre of our activity; the *Bible Evening* as focal point of christian social striving is a reality far beyond the physical boundaries of Camphill Communities. But the Fundamental Social Law becomes more and more a question as time evolves.

Karl König spoke of the Fundamental Social Law as a pillar of the economic realm – the realm in which we must learn to live with a process Rudolf Steiner called 'The flowing together of the ether bodies'! Perhaps it could engender new enthusiasm to see the impulse of the Fundamental Social Law as Rudolf Steiner gives it on October 26th 1905 – just before the Social Art lecture, where we learn about our task towards the future: To create social structures which will prepare the way for life-forces of the sixth epoch!

Finally I would like to add one more element for further research: Following the seven-year-rhythm I have shown above, one comes to the question – what took place 7 years earlier, in 1898?

This could be quite a crucial question for a deeper understanding of the Fundamental Social Law – particularly in its relevance today!

In July 1898 Rudolf Steiner published essays in the 'Magazin für Literatur' called 'Freedom and Society' (Freiheit und Gesellschaft[5]) in which he formulated the 'Main law of Sociology' ('Das Soziologische Grundgesetz').

What might seemingly be in contradiction to the Fundamental Social Law, may indeed prove to be its very roots!

It was the year of the end of Kali Yuga!

It seems that we must beware of seeing the Fundamental Social Law as being a recipe for making economic (and personal) life easier! It is 'simply a necessity' as Rudolf Steiner says: A necessity that needs to be recognised in its esoteric origin and practically implemented – at least in the sense of 'exemplary solutions' – in our time and for the future of mankind.

Even if it is only to become aware of such a perspective, it seems to me to be justified to continue our quest with renewed energy. There seems to be much at stake if this task is not seen seriously.

Hans Müller-Wiedemann

Zum Motto der Sozialethik

Heilsam ist nur, wenn
Im Spiegel der Menschenseele
Sich bildet die ganze Gemeinschaft;
Und in der Gemeinschaft
Lebet der Einzelseele Kraft.
Rudolf Steiner, 1920

Im Jahre 1920 erschien ein kleines Buch von Rudolf Steiner mit dem Titel: «In Ausführung der Dreigliederung des sozialen Organismus.» Es enthielt eine Reihe von Leitartikeln Steiners, die er für die in Stuttgart erscheinende Wochenschrift «Dreigliederung des sozialen Organismus»[1] im Sommer 1919 und im Winter 1919/20 geschrieben hatte. Er wollte darin «nicht die Gedanken eines einzelnen Menschen, sondern das unbewusste Wollen der europäischen Menschheit zum Ausdruck bringen». Als Widmung schrieb er der Bildhauerin Edith Maryon, die seine Schülerin geworden war, in ihr Exemplar das «Motto der Sozialethik», wie er es nannte.

Ehe wir uns diesem Text zuwenden, erinnern wir uns, dass Edith Maryon nach ihrer Übersiedlung von England nach Dornach unermüdlich an der Seite Rudolf Steiners am Bau des Goetheanums und an den zugrundeliegenden spirituellen Impulsen mitgearbeitet hatte, insbesondere zusammen mit Rudolf Steiner an der Holzplastik. Sie wurde von Rudolf Steiner ausersehen, Leiterin der Sektion für bildende Künste zu sein. Ihr früher Tod im Mai 1924 hat dieser ihrer Tätigkeit bald eine irdische Grenze gezogen. Es ist tief bedeutungsvoll, dass Rudolf Steiner gerade der Bildhauerin Edith Maryon das Motto der Sozialethik gewidmet hat, ein Motto, welches über der sozialen Baukunst stehen sollte, wie sie aus den theosophisch-moralischen Hintergründen der Dreigliederung intendiert war.

Ein wesentliches Motiv dieses sozialen Bauens von Gemeinschaften, wie es auch im Sozialen Hauptgesetz in Erscheinung trat, war eine neue, nicht wirtschaftlich fundierte Begründung des «Arbeitsantriebes» des Einzelnen in der Gesellschaft aus «Liebe zur menschlich-gesellschaftlichen Ordnung, wie sie etwa der Künstler zum Entstehen seiner Werke hat». Diese Liebe war es, mit der Edith Maryon sich ganz in den Dienst der Anthroposophie gestellt hatte, eine Liebe, «ohne deren Pflege man nur alles Streben nach einem Neubau der sozialen Ordnung aufgebe» (R. Steiner in einem der o. g. Leitartikel).

Das Motto will ein übersinnliches Üben des Einzelnen anregen, ein Bilden oder Bauen eines sozialen Organismus, wo es auf jeden Einzelnen ankommt. Es ist zunächst, wie dies auch im Sozialen Hauptgesetz formuliert ist, ein Lernen gegenseitiger, sozialer Wahrnehmung in einer Gemeinschaft von Menschen, so dass die Gesamtheit mehr wird als die Summe von Einzelnen. Ob die ganze Gemeinschaft von einem, wie Steiner es einmal nannte, «vitalen Gemeingeist» erfüllt ist, hängt davon ab, dass der eine im anderen Menschen den Grund für seine Arbeit finden kann. Diesem Finden liegt zugrunde, was im ersten Teil des Mottos geübt werden soll, indem der Mensch die bildende Kraft der Imagination gegenüber dem anderen Menschen ausbildet in einem ähnlichen Sinne, wie Goethe hinsichtlich der Naturerscheinungen die «Urpflanze» entdeckt hat: Das Urbild des anderen Menschen soll im Spiegel der eigenen Seele aufleuchten. In diesem immer wieder neu zu vollziehenden Akt der Zuwendung zum anderen Menschen bildet sich aus ätherischen Jugendkräften immer neu die Gemeinschaft. Die Gedanken und die Tätigkeiten des Anderen finden dort immer wieder einen Weg in die eigene Seele, wenn jenseits der Schwelle des natürlichen Menschen Fühlen, Vorstellen, Wollen und Erinnern als Imagination, Inspiration und Intuition ausgebildet werden, d. h. als übersinnliche freie Tätigkeit zwischen Menschen.

Über diese Verwandlung des natürlichen Menschen, die sich im Denken, Fühlen und Wollen darlebt, in den zweiten Menschen, die dadurch als Imagination, Inspiration und Intuition aufsteigt, hat Rudolf Steiner 1917 in der Schrift «Von Seelenrätseln»[2] Grundsätzliches ausgesprochen. Was im Innern des Menschen im Spiegel der Seele, in seinem «Geistesauge», vom anderen Menschen jetzt aufleuchtet, lässt karmische Zusammenhänge ahnen, welche Menschen zur selben Zeit und am selben Ort zur gemeinsamen Arbeit zusammengeführt haben. Es handelt sich also gerade nicht um das «Bild», das wir uns vom anderen Menschen in der Erinnerung machen, welches immer einen antipathischen Einschlag hat, wenn es im Bewusstsein auftaucht, sondern es muss dieses übliche Bild des Anderen, welches sich im sozialen Leben einstellt, geradezu überwunden werden durch das In-die-Hand-Nehmen von instinktiven unbewussten Vorstellungs- und Erinnerungstätigkeiten, durch die Bildung von Imaginationen, die den Ätherleib zur Substanz des Spiegels haben. So muss diese Bildung, soll sie heilsam sein, immer wieder neu geschaffen werden, da sie sonst nicht da ist und keine Gemeinschaft entstehen kann. Es handelt sich hier um einen ähnlichen Vorgang, wie er sich auch in der Meditation abspielt. Die Wahrnehmung muss erst in der Seele aktiv geschaffen werden, damit übersinnliche Wahrnehmung sein kann. In diesem heilsamen Schaffen gehen wir über die natürliche menschliche Veranlagung hinaus, und erst dann kann karmisch unter Menschen eine Mission als Quelle des Handelns geschaffen werden.

Es ist uns ja in diesem Vorgang zur Erfahrung geworden, dass dasjenige, was jetzt vom Anderen im Spiegel der Seele erscheint, nur dann an der Gemeinschaft bildet, wenn die aufgewendete Bildekraft durchdrungen ist von einer Tätigkeit des Willens, die Rudolf Steiner auch an anderen Stellen als das «Einschlafen» in den anderen Menschen, d. h. als eine Überwindung der natürlichen Begierden, zum Ausdruck bringt, und sich das gereinigte Gefühl mit diesem Impuls verbindet. Im Spiegel der Menschenseele bildet sich dann die Gemeinschaft, in dem die Gefühle zusammenströmen. Es bildet sich dadurch der Boden, so dass individuelle geistige Wesen sich in der Sphäre der Inspiration mit diesen zusammenströmenden Gefühlen des Einzelnen in einer Gemeinschaft verbinden können.

Eine Mission, wie wir sie versuchen zu verstehen, hängt von diesem Sich-Verbinden-Können mit geistigen Wesen ab. Darauf hat Rudolf Steiner 1908 hingewiesen, als er über die neuen Gemeinschaften, die nicht mehr aus den alten Blutszusammenhängen heraus leben, gesprochen hat.[3] Es entsteht diese Sphäre der Gemeinschaft im Einklang mit der geistigen Welt dann, wenn der Wille sich aus seinen instinktiven Bindungen als

Eigenwille und Ermächtigungsimpuls herauslöst und seinen Begierdencharakter verliert. Erst dann wird der Wille frei für die Wahrnehmung spiritueller Wirklichkeit im anderen Menschen. Wiederum wird uns deutlich, dass es sich in dieser Tat des ersten Teiles des Mottos um einen Vorgang handelt, der übersinnlich-meditativen Charakter hat. So bildet sich im Sinne Goethes eine neue Welt durch die Liebe als übersinnliche Erkenntniskraft gegenüber der Machtentfaltung und den antisozialen Tendenzen des sozialen Lebens. In der Liebeskraft, welche eine Meditation durchzieht, lebt dieselbe Kraft, die im sozialen Leben heute walten muss, da die alten instinktiven gesellschaftlichen und gemeinschaftlichen Bildekräfte, die über das Blut und das instinktive, unbewusste Leben der Menschheit gelenkt wurden, am Ende sind. Je intensiver und je früher wir diese historische Wirklichkeit unserer Existenz erkennen, umso mehr werden wir uns dem Impuls zuwenden können, welcher im Motto der Sozialethik durch Rudolf Steiner für die Gegenwart Ausdruck gefunden hat.

Wir stehen in unseren Niederlassungen als anthroposophische Einrichtungen an diesem Wendepunkt: Ob wir unser soziales Leben und seine Werte von außen steuern oder steuern lassen, oder in «Selbstverwaltung» im Sinne der Sozialethik arbeiten. Welchen Weg wir gehen, davon wird Entscheidendes für die Zukunft abhängen. In Wirklichkeit ist der soziale Impuls in der geistigen Welt beheimatet, seinen Bildungsquellen nach, und im irdischen in den geschaffenen Einrichtungen des sozialen Lebens, die, so Steiner im Sozialen Hauptgesetz, so sein müssen, dass «bis zu dem Einzelnen herunter der Geist der Gesamtheit lebendig ist».

Dadurch, dass sich in der Menschenseele im Spiegel das Seelisch-Geistige des anderen Menschen imaginativ zeigen kann, begründet sich eine neue Ethik. Die Erinnerungskraft wird nicht, wie üblich, zur Gedächtnisbildung verwendet, sondern sie wird verstärkt, damit wir im Sinnlichen untertauchen können und das Geistige aus den sinnlichen Erscheinungen in uns zum Bewusstsein kommen kann. Wir bemerken dabei, dass gegenüber den üblichen Vorstellungen und auch gegenüber dem Gedächtnis in diesem Vorgang ein «zweiter Mensch» seine Geistesaugen öffnet. Ein Bewusstsein erscheint, welches ähnlich dem Traum ist. Erst in diesem Bewusstsein vermögen wir eine neue Weise der Nächstenliebe zu entfalten, die Grundlage des Zusammenlebens von Menschen werden kann.

Sicherlich müssen wir lernen, auf diese zarten Vorgänge in unseren Gemeinschaften zu achten; Vorgänge, von denen sich die Soziologen eben nichts träumen lassen. Aber zuerst müssen diese Bildungsvorgänge von Gemeinschaft als Impulse da sein, ehe man sie begreift. Da liegt auch die Gefahr des Redens über soziale Angelegenheiten, statt des sich gegenseitig Aufmerksam-Machens auf die Vorgänge, die den zweiten Menschen in uns aufwecken können. Rudolf Steiner formuliert so: «Du sollst den Willen des Anderen in deinen Willen aufnehmen können. Du sollst dich ihm (dem anderen Menschen) geistig-seelisch nähern können.»[4] Die Verwandlungen, die dabei Denken, Fühlen und Wollen durchmachen in die Bereiche der Imagination, der Inspiration und der Intuition, sind dieselben, wie im übersinnlichen Erkenntnisstreben des Einzelnen. So kommt dieser Zusammenhang auch in der Opferfeier in den Worten zum Ausdruck: «In der wesenschaffenden Liebe von Mensch zu Mensch und von Mensch zu Gott.» Wir überschreiten hier im sozialen Leben von Mensch zu Mensch immer eine Schwelle, und wir sollen lernen, auch den Schmerz zu spüren und zu ertragen, welcher noch mit unserem Ungenügen zusammenhängt.

In dem Sinne, in welchem Rudolf Steiner am 1. Juni 1908, wie schon erwähnt, von dem «Zusammenstrahlen der Gefühle» zwischen Menschen spricht, bildet sich aus der Imagination die Inspirationssphäre. Sie ist offen, aus zunächst begrenzten menschlichen Zusammenhängen zu Weltgemeinschaften von Menschen sich zu entwickeln und geistigen Wesen Anlass zu geben, sich mit Gemeinschaften zu verbinden. Die Inspirationssphäre ist auch jener geistige Ort, an dem sich andere esoterisch strebende Gemeinschaften mit dem Streben der Camphill-Gemeinschaftsbildung verbinden können und umgekehrt. Es geschieht dies immer auf dem Wege zur 6. Kulturepoche, wenn die Empfindung der Mission in der Inspirationssphäre entsteht und die Ahnung eines gemeinsamen Karmas. Hier begegnen wir den helfenden Kräften der Hierarchien, den Engeln und Erzengeln. Es ist die Sphäre, in der wir uns mit den anderen Menschen in der übersinnlichen Welt immer wieder begegnen in der Hut der Engel, wo sich immer wieder Treue, aber auch Verzeihen und Vergeben zwischen Menschen ereignet. Das kann man gar nicht als Idee mit den üblichen Seelenfähigkeiten von Denken, Fühlen und Wollen begreifen, und wir dürfen nicht leichtfertig darüber reden. Wir können uns aber üben, wach zu sein, wenn wir aus dieser Sphäre herausfallen, stürzen, überwältigt von den täglichen Erfordernissen in die Krankheit der Vereinzelung und der Isolation.

Was sich «im Spiegel der Menschenseele» bildet, kann nicht wie eine Erinnerung «abgerufen» werden. Erst langsam durch die immer erneute Bemühung um das Urbild des Anderen, aus dem das Urbild der Gemeinschaft leuchtet, entstehen neue moralisch-ethische Gewohnheiten, Haltungen, die den kaum beschreibbaren Zusammenhang einer Gemeinschaft schaffen. Eine neue Ethik, die so noch nicht historisch vorhanden war, ist seit dem Beginn des Michael-Zeitalters möglich. Sie ist dann als Gemeinschaft von freien Menschen im Entstehen, wo jeder sagen kann: «Ich will, dass die Gemeinschaft so ist, wie sie ist, denn ich bin Mitwirkender an ihrer Bildung.» Über den natürlichen Menschen hinausgehende Fähigkeiten müssen sich entwickeln, so dass der eine den Grund seiner Arbeit in der seelisch-geistigen Wahrnehmung des anderen findet, Grundlage des Sozialen Hauptgesetzes.

In dem zweiten Teil des Mottos der Sozialethik können wir eine Wende erleben. Der Mensch in der Gemeinschaft findet in dem Intuitionsbereich der Mission das Motiv seines Handelns, für welches er die Verantwortung trägt als Einzelner, wenn auch angetan mit dem unsichtbar gebildeten Mantel der Gemeinschaft. Es versammelt sich in dieser Wende gleichsam der Umkreis zum Punkt, zur Kraft der Einzelseele. Es ist wichtig zu bemerken im Umgang mit dem Motto, wie auch in anderen meditativ orientierten Übungen, die Rudolf Steiner gegeben hat, dass es sich hier nicht um einen Ursachenzusammenhang von Mission, Motiv und Handlung des Einzelnen handelt, sondern um einen übersinnlichen Wesenszusammenhang qualitativer Art, eine sich gegenseitig bedingende geistige Orientierung in der einzelnen Seele zwischen Umkreisbildung gemeinsam mit anderen und der Punkt-Kraft. Dieser geheimnisvolle Zusammenhang zwischen der Bildung übersinnlicher Gemeinschaftlichkeit durch den Einzelnen und das in die irdische Erscheinung-Treten der Gemeinschaft in der Kraft des Einzelnen liegt ja auch allen Fragen zugrunde, die das Kollegialprinzip und das Individualprinzip sozialer Organismen betreffen, Fragen, die durch Michaela Glöckler jüngst angesprochen wurden.[5]

Im zweiten Teil des Mottos wird für den Einzelnen die Intuitionsquelle des Handelns in Erscheinung gebracht. Das Handeln wird frei. Vielleicht darf die Kraft auch Mut genannt werden in dem Sinne, wie Rudolf Steiner von esoterischem Mut im Heilpädagogischen Kurs spricht. Die Handlung steht dadurch im Offenen der Karmafolgen. Sie ist durch den Einzelnen schon Umwandlung in zukünftiges Gemeinschaftsschicksal in der Welt, wenn der Einzelne sie verantwortlich auf sich nimmt. Sozialethik ist zugleich Karmabildung und Karmawandlung zwischen Menschen. Bedenkt man dies, so wird deutlich, dass die Gemeinschaft im Bildungsvorgang offen ist gegenüber der Begegnung mit individuellen geistigen Wesen, und ebenso offen ist gegenüber der Wahrnehmung und der Anerkennung der Kraft der Einzelseele. An deren Handeln lässt sich ablesen, in wie weit die Gemeinschaft dem Zeitgeist sich nähert. So ist auch die Grenze einer Gemeinschaft nicht äußerlich an den Zäunen eines Gemeinwesens zu sehen, sondern an der spirituellen Tiefe der Missionserfahrung und der Verantwortungskraft der Handlungen des Einzelnen. Dies wird erst möglich, wenn der Einzelne sein Handeln in der Welt ohne wirtschaftliche Motivation erleben kann und im Zusammenhang mit dem Karma, wodurch er in einen räumlich-örtlich bestimmten Menschenzusammenhang gestellt ist, den er geschichtlich-zeitlich mitbildet. In diesem Zusammenhang liegt auch die Berechtigung der Grenzen eines überschaubaren sozialen Zusammenhanges, der es erlaubt, dass das Motto der Sozialethik Wirklichkeit werden kann. Es hat dieser Organismus seine eigenen Wachstumsgesetze und er kann nicht unbegrenzt wachsen, soll das Motto der Sozialethik Wirklichkeit werden. Wirklichkeit heißt hier, dass der Mensch sich in der Betätigung des Mottos konkret übend orientiert und sich nicht etwa nach einem abstrakten Kollektivideal einer Gemeinschaft richten muss und sich nur anpasst. Er wird vielmehr in seiner Seele die einheitliche Mission des ganzen Menschengeschlechtes als Zeitgenosse zu ahnen beginnen und sich selbst als individueller Mit-Verwirklicher. Die Polarität von äußerem Zwang und «Selbstverwirklichung», welche unser modernes Leben krankmachend durchzieht, kann sich in freies Wollen lösen. Dieses freie Wollen ist etwas ganz anderes als worauf der Begriff der Selbstverwirklichung hinweist. Das sollten wir immer wieder ins Auge fassen und bedenken. Freies Wollen bedeutet im Sinne des

Mottos der Sozialethik vor allem Überwindung der Begierdenatur, die aus dem instinktiven Seelenlebens heraufkommt und von dort ihre Macht hat. Im Goetheschen «Märchen» ist vorgebildet die Welt der Sozialethik und zugleich des spirituellen Baugedankens des Goetheanums: «Die Liebe», so heißt es dort, «herrscht nicht, sie bildet». Sie bildet in der liebevollen Hingabe des einen Menschen an das Geistige im anderen Menschen die Gemeinschaft. Diese Liebe verwandelt «das ganze Seelenleben in ein anderes, das zum Weltgeiste Verwandtschaft hat».[6]

Dann kann es geschehen, dass dort, wo viele zur selben Stunde und am selben Orte zusammen sind, im Handeln des Einzelnen «nichts anderes als die auseinandergelegte Wesenheit des menschlichen Gesamtgemütes waltet ..., dass ein individuelles menschliches Gesamtwesen wirkt in den mannigfaltigen Kräften des Einzelnen und deren gegenseitiger Beziehung».[7] So bekommen die Worte des Mottos ihren Sinn, indem sie offenbaren die Beziehung zwischen dem *Bilden der Gemeinschaft* durch die bewusste lebendige Tätigkeit der Einzelseele, die bildet und sich bilden lässt, und dem *Wollen des Einzelnen,* welches Leben wird, wenn es aus Liebe zur Gesamtheit vollbracht wird. Dann entsteht eine «sittliche Mission» (Rudolf Steiner). Wir werden erinnert an die Bezeichnung des wahren Wollens als «Leben» im ersten Mantram der Grundsteinmeditation der Weihnachtstagung. In der Ausführung des Mottos werden wir uns als strebende Menschen bewusst, dass die Ethik in diesem Sinne, wie sie im Motto als Übung beschrieben wird, auf derjenigen Erkenntnis beruht, die man sich für die übersinnliche Welt aneignen muss. «Diese Erkenntnis wirkt zurück auf das soziale Empfinden, erweckt wirkliches Verständnis für den Mitmenschen: und das ist das Bedeutsame.»[8]

Es ist sicherlich deutlich geworden, dass es in unserer sich entwickelnden Gemeinschaft notwendig ist, immer neu die Kraft des Mottos in jedem Einzelnen entstehen zu lassen, damit nicht bloße moralische Forderungen aus festgelegten moralischen Ordnungen das Leben der Gemeinschaft bestimmen. Die sind es eben nicht, was Menschen in einer Gemeinschaft vereinigt. Wo dies eintritt, erstirbt das Leben. «Dieser Moralismus», so Steiner in der «Philosophie der Freiheit», «begreift nicht, dass die Ideenwelt, die in mir tätig ist, keine andere ist als die meiner Mitmenschen. Diese Einheit ist allerdings schon ein Ergebnis der Welterfahrung. Allein sie muss eine solche sein. Denn wäre sie durch irgendetwas anderes als durch Beobachtung zu erkennen, so wäre in ihrem Bereich nicht individuelles Erleben, sondern allgemeine Norm geltend». Wenn sich die Beobachtung dieser individuellen sinnlichen Erfahrungen im Geistesauge der Imagination vor die Seele stellen, dann ist der Andere, als übersinnliche motivierende Wesenswirklichkeit, nicht nur als Vorstellung im Spiegel der Seele anwesend.

Zum Schluss möchte ich noch einmal zur Persönlichkeit von Edith Maryon zurückkehren, die durch ihr Leben verwirklichen durfte die heilsame Kraft der anthroposophischen Sozialethik. Sie kann uns deshalb lebendiges Vorbild sein. Sie war schon Schülerin auf einem esoterischen Pfad, ehe sie Rudolf Steiner als Lehrer fand und ihn bat, ihr Leben Aufgaben der Anthroposophie zur Verfügung stellen zu dürfen. In einem Brief vom Anfang ihrer Beziehung zu Rudolf Steiner schreibt sie an ihn: «Ich denke, dass die Zeit vielleicht gekommen ist, wo ich etwas anderes tun dürfte, als nur zu sitzen und schön für mich zu studieren; auch habe ich den großen Wunsch, wenn es möglich wäre, etwas für die Theosophie zu tun und nicht nur für mich allein.» Rudolf Steiner bejahte diese Anfrage.

Es sollte sich zeigen, dass Edith Maryon vollständig alle ihre Begabungen in den Dienst der geistigen Welt stellte und damit ihr esoterisches Leben verbunden hat mit dem praktischen Sinn für das irdisch Notwendige und dem ihr zur Verfügung stehenden Können. Sie tat diesen Dienst im Bewusstsein dessen, was der Welt in einem bestimmten historischen Moment nottut. Sie tat damit etwas für die anthroposophische Sache, was, wie es Rudolf Steiner einmal zum Ausdruck gebracht hat, «unbelastet von persönlichem Sein Ausdruck ist einer Verantwortung, die hinaufgeht in die geistigen Welten».[9] Dort vermag sich das eigene Karma mit dem der Anderen zur Mission, zur gemeinsamen Mission zu verbinden. Konkreten Ausdruck fand diese Schicksalssituation in der Tatsache, dass im Jahre 1917 Edith Maryon Rudolf Steiner bei einem Sturz vom Gerüst der Holzplastik während der gemeinsamen Arbeit aufhalten konnte und so eine drohende schwere Verletzung ihres Lehrers verhindert hat.

In dem erwähnten Vortrage spricht Rudolf Steiner über zwei Stufen, die der Mensch hinsichtlich der Geisteswissenschaft durchmacht. Befriedigung der Seele durch die Erkenntnisse der Anthroposophie kommt für die erste Stufe in Betracht. Bei der zweiten Stufe handelt es sich aber darum, dass der Mensch mit seinem Willen hinausgeht über das bloße Begehren und übergeht dazu, dass der ganze Mensch in seinem Leben von demjenigen durchdrungen ist, was Geisteswissenschaft geben kann. «Da wird der Mensch dann hingelenkt von sich weg eben auf andere Menschen.» «Und es geht dasjenige, was man als ein individuelles Sittliches bezeichnen kann, über in das soziale Empfinden, aus dem das sittliche, das moralische Handeln hervorquillt, aus dem dasjenige, was gerade einer *Grundforderung unserer Zeit* entspricht, hervorgeht.» Es ist jetzt die Aufgabe in der Entwicklung unserer Gemeinschaft, dass in jedem einzelnen Mitglied eine derartige Grundforderung unserer Zeit zur Erfüllung kommt, soll die Gemeinschaft auch in der Zukunft ihre historisch-spirituelle Bedeutung in Weltverbundenheit erhalten.

Edith Maryon hat bis zu ihrer letzten Krankheit, deren Ursache im Brand des Goetheanums zu finden ist, an der Verwandlung esoterischer Impulse in die Gestaltung eines sozialen Organismus, welcher im Goetheanumbau plastisch in Erscheinung treten sollte, mitgewirkt.

Wir ahnen, dass ein solcher Weg im Leben des Menschen eine Art Neugeburt bedeuten kann: die Ich-Geburt der Individualität im sozialen menschlichen Zusammenhang. Dies scheint mir Weg und Prüfung aller Gemeinschaftsbildung zu sein, ein Weg, auf den das Motto der Sozialethik hinweisen will. Auf diesem Wege ist vieles abzulegen und zu opfern. Es ist ein schwerer Weg, auf dem wir uns liebevoll gegenseitig begleiten und helfen wollen. Vielleicht wird uns dann eine neue Epoche der Entwicklung Camphills geschenkt.

Christoph Andreas Lindenberg

The Meaning of Work

Dear friends,
I shall begin speaking in the light of the English lecture title I was given. Whether we come to the German title *'Forces of Destiny in the Circumference'* that is printed at the end, we shall see. It is a wonderful challenge to have 2 very different titles into which to be creative, and I would like to greet you all on this beautiful, radiant morning and especially those friends that have come from Poland and join us today in our search, the search under the main heading: The Fundamental Social Law, which as we learn while we are together, has something to do with destiny, with our innermost striving. One would need to have preconditions for this study that are not easily fulfilled. I myself lack essential qualities and I hope you will understand if I explain that in 42 years Camphill life I only earned my living in the sense of work versus remuneration for 6 months, and I have therefore very little experience of an essential realm when I speak about work. But I do know something about work as we all do, every co-worker, in the various realms of work. The work that is necessary to be done; menial work, the work we like to do, to get our hands dirty and get started. Yes, all this is also a help to be in our body and to feel well. There is the curative and the artistic work, which has different challenges, which is not so much the spelled-out need, it is not in those set hours as normal work. Then there is the research and spiritual work which is not only not bound to time but for which a space must be given by others. It cannot be done on own initiative alone. In this regard we here are doing work together, now, while sitting quite still, yet being very, very active. To the prerequisites of such a gathering belongs that for instance in Brachenreuthe 4½ years ago there was a conference on the problems of economy and that many workshops and conferences have prepared to where we are now. This is the ongoing, invisible work that is not marked off as work or job done and paid for.

What do we use most when working? What is it that you feel expresses work? You all know the answer, it is our hands. It may seem strange that our hands are involved also in spiritual work. The hand is an organ that has very many more tasks than being one of our limbs, or being an expression of our will system. We have the expression, to lend a hand to somebody, when there is an emergency. It expresses that I give my hand into the service of something. We have the shielding hand, we have the blessing hand, we have the working hand, the gesturing hand, we grasp things, even if we grasp them with our mind. This is how metaphors work.

The hand is carrying our life signature, people can read it, we can interpret where we are at a given point of life, as happened to me 3 weeks before a major car accident, that somebody looked at my hand and said: 'When you will be 42, something will happen that will change your life and yet it will be all right', and he told me a few details about that: It came true 3 days before my 42nd birthday. He has read that in my hand, I do not know how. There is the handshake of greeting: That is not a will activity, is it? There are expressions of the hands that almost cannot be categorised into 3-fold man. The hand is so versatile. And it is for that reason that I have brought with me a verse by R. Steiner I lived with for many a year. To some of you it may be completely new, as it is not contained so far in the 'Wahrspruchworte' or in any of the German editions. It was published 30, 40 years ago by George Adams in the English collection 'Verses and Meditations'. I wrote it on the blackboard and I believe it is of some importance for our present consideration.

In my Head I feel
Warm fount of Love.
In my Heart I feel
Raying Light of Thought.
Now the warm fount of Love
Joins with the light of Thought,
So to make strong my Hands
For the good work of Man.
I feel me.

Ich fühle in meinem Kopf
Warme Liebeskraft

Ich fühle in meinem Herzen
Leuchtende Gedankenmacht,

Die warme Liebekraft
Vereint sich mit der
Leuchtenden Gedankenmacht

Davon werden stark
Meine Hände
Zu gutem menschlichen Wirken.

Ich fühle mich.

This then is the original English translation, so published 'I feel me'. Naturally we would say 'I feel myself' but in this way it becomes more inward.

It must have been in the very last weeks of his life, that Karl König was asked to write for an anthroposophical students paper ('Beiträge aus der Anthroposophischen Studentenarbeit' Tübingen, Band 7 Nr. 15, Ostern 1966) about the social and economic foundations of modern community forming and Camphill. He, once again, took up his pen to write an article about Camphill, following a frequently made request. Dr. König looking back as from February 1966 uses perhaps very similar words like in earlier articles about Camphill, yet it shows to my mind for the first time an economic history of our community. What I will do is gather together the points that I read out of this article; these are not the exact words König uses, but I sense 7 steps in his description.

To begin with there was a group of people without means and it was a primitive economic unit. In Kirkton House one shared all the possessions. He calls it the primitive economic unit. Second: the first income came through the first children; money. Now he felt it was a simple family relationship. Money was used according to need and circumstance. Three – the blessing of regulated work showed itself, at the hand of the children, a stage in which work was experienced as having its own value quite apart from any aspect of remuneration. And this third stage König describes: 'The friends had trust, full trust among themselves right into the financial dealings'. And so it worked. The fourth stage: New people came, and it was not difficult for them to fall in with the arrangements. One learned from the children in their reciprocal trust what they portrayed having learned in this relationship earlier on with the co-workers. So now it is already the children that begin to teach the economic relationship to new people coming. The fifth stage is the one at which many of us came to Camphill; he calls it the specialisation of work. Everybody was doing something different and that led to some form of crisis and finally to an awareness of the financial dealings, in which everybody would want to have an oversight. Independent economic units came about; different houses, different workshops had their own accounts. Then in a further stage we were becoming aware of these implications, and that when one has overcome the wage system, what is standing before us is the awareness of freedom, of self-governing people and groups. This was a consciousness step, the other steps were more naturally evolving. And as a final step, he just mentions in this article, 'now everyone could be an initiator of a social community, equipped with the Fundamental Social Law, working with his co-workers', meaning that one had learned, at the hand of certain stages that were given by the circumstance and suddenly arrived at where we then start to speak of 'Camphill's Way'. And the feeling at that stage towards work was that every kind of work is seen as being its own reward, when it is well accomplished. That is a very general thing which Karl König describes in this article, but it has a specific challenge for us today.

The difficulty was to become conscious of the Fundamental Social Law that had not been known in the beginning of Camphill. It was only in the course of later years that this was really coming into the hands of the friends and Karl König himself. It was destiny-forces in the surrounding, bringing about stages that gradually led to a consciousness step. The subsequent sentence in the Fundamental Social Law that says: 'one should create such forms that never anyone could reap the fruits of his own labour, but that it can be absorbed without residue and serve the welfare of all', that was a given in Camphill; it was not something that had to be invented. König concludes this little article by saying: For the handicapped person work is grace, for he is redeemed from the twilight of doing nothing, from the neon light of continuous occupation and hobby.' It's a wonderful word, to be 'redeemed' through the grace of work, from the twilight of doing nothing, from the neon light of continuous occupation and hobby. And the final sentence leads to this realisation that only once the separation of work and remuneration has been accomplished, one can approach the gradual introduction of the threefold social organism.' I think this is an enormously important word that stipulates that the Fundamental Social Law in its coming about in a group of people, in its becoming conscious in its final manifestation, in the earthly relationships, forms the basis on which, gradually, the 3-fold social order can bc introduced.

König included the article 'The 3 Essentials of Camphill' in that same paper, with, however, a slight difference. He makes a little addition that I think is worth noting for us because he says there is a sentence Steiner spoke to young people 45 years ago (then in 1921), which has become a leading star for us more and more: 'In future all tasks that fall to the individuality will be at the same time the tasks of the community, the tasks of the community are those each individual by necessity makes his own. There will be no other way. Such a situation does not come about by organising, rather by associating process.' König felt it necessary at the end of his life to place this in front of young people, having already spoken by then and written about the Fundamental Social Law in so many a way. It was the insights gained very early, for instance in 1945, that made this fruit at the end so different. He writes in 1945: 'Coming from the daily work all find each other and gather estranged to the daily experiences of the other, because each one knows ever less of the other one'. And he goes on elaborating that thought and closes with saying: 'In the social sphere we must become one with the work in the sphere of willing'. And one had the feeling that at that time began the insight that work itself is that force that later König called Love and nothing else but Love. He said that about work, not on the Fundamental Social Law itself. Yes, he referred to work as a force among us that is community forming. We also know of the separating force of work, we know how some professions are so intense that they seem to ostracise the person who works in community. Take for instance the famous gardener phenomenon, we have experienced it over and again, where the timetables do not fit with regard to coming to meetings or to morning-gatherings or so, because the garden has a very different rhythm. So for all people who have specialised jobs and it can be that it causes a real social problem rather than aiding us, bringing us together. And to equal work with love is problematic when we look at the daily reality; yet one would like that we learn what König writes,' we work and steadily recognise that the innermost core of work is love. The innermost secret of all labour begins to reveal itself. It is love and nothing else but unending love.' And so I was naturally thinking of love and its meaning and now we come to a chapter that may be very exciting indeed.

If we take it how we learn it from Rudolf Steiner in this very singular statement on love, in a lecture called 'Love and its meaning in The World', when he in Zürich in 1912 postulates the Law of Love. Of this whole wonderful lecture I'll read one sentence and it is enough for us to take it in just now:

'No profit for ourselves accrues from deeds of love.' No profit, in fact we gain nothing by it. He has said that a few times: '... Love is the creative force in the world, the world is richer for our deeds of love.', meaning if there were no love, there would be no creative force in the world, the world would not be richer. He goes as far as to say, the world would stop, right there and then. If you compare, there are several wordings in that love lecture, very similar to wordings of the Fundamental Social Law, and I think we have a point: 'In a community of human beings working together, the well-being of the community will be the greater, the less the individual claims for himself the proceeds of the work he has himself done, that is, the more of these proceeds he makes over to his fellow-workers, and the more his own requirements are satisfied, not out of his own work done, but out of work done by others,' We know it by heart by now, this Fundamental Social Law even if it had not sounded in that fullness. However I have a reason for quoting it. It is the same relationship: doing a deed of Love is not for me like doing my work, I cannot gain anything of the proceeds from that work, but all others are dependent on any input of work, the world is dependent on any input of love, of the deed of Love. It's exactly the same. The Law of

Love and the Fundamental Social Law. And so we can indeed begin to see the relationship between work and love.

Nineteen years ago we had a Camphill Easter Conference here in Föhrenbühl with contributions by Dr. Hagen Biesantz, Carlo Pietzner and Dr. Hans-Heinrich Engel. Hans-Heinrich elaborated on the Soul Calendar images, if I remember rightly, in a very exciting way, and new way, and brought a connection for these Soul Calendar Verses in relation to the Windows of the First Goetheanum and the arrangements how it would fit in this first building if it was possible to see and hear together. And I know that many of us got quite an impulse towards the Soul Calendar at that time, and went away holding these verses in their relationship in space. It was a few years later that Günther Lehr published, with a tremendous amount of work, the drawings Karl König had made in the early years, really in one of the first years, in 1940, while being interned on the Isle of Man: Drawings for each verse of the Calendar of the Soul'[1]. Reading through the Calendar of the Soul in such a way that one has a certain search in mind – one goes from where one is and then one spreads out first into the opposite verse and then into the 2 cross-verses, one goes to other verses, one sees which voice sounds in which quarter of the year, with the 13 verses forming a part of a voice, and one begins to discover relationships and answers to almost any question present now. My question was 'work'.

Naturally I was led to the 2nd verse in Advent which speaks in this unique way about the aims of our work, 'Unserer Arbeit Ziele'.

It is the World-Word that speaks to me, – a voice that speaks a few times in those Soul Calendar Verses – and challenges us, saying:

'Imbue the aims of your labour
With my bright Spirit-light'

and then comes the very startling words: *'To sacrifice yourself through me'.*

In this case our work's aims lead us to a threshold where something is to be taken into them, filled with them and then I am ready to sacrifice myself through that Spirit, that laid something into my aims of my work.

And this verse König portrayed in a riddlesome picture with a centaur, and I do not know how much you can put on the right kind of glasses to see from here, but I will describe it to you so that you do not need to depend on your myopic or other eyesight.

It is a centaur who comes up towards what looks like 2 antlers of a stag, across which a bar has been laid, and strings suspended from this bar down to the bottom of the antlers and the centaur playing on this as a new instrument, as a kind of harp or lyre. Very extraordinary. And behind it peers through a cross in a form of light. Below is a flower and here is some red form which you get to know in other of the drawings as pertaining to development. Now you have the centaur as an image in the Zodiac, for the Archer, Sagittarius, and he has this animal body and the human upper half as a stage of development. Very surprising to realise in Steiners words that we may from time to time fall back into being a centaur. Now, in our time.

We heard from Richard about the words 'animalisation' and 'vegetation' and the 'automation' and here it is referred to in this same lecture: '… but if the soul is not warmed through by the spirit and if the spirit is not illumined by supersensible knowledge, then in the body the animalistic qualities are developing. Those qualities that today live in the antisocial drives.'

Centaur today means we are animalistic in our body, which we can clearly see among us within the social organism, with that sense of perception which we are meant to sharpen. The Archer stands for that month in which the verse in the second week of Advent occurs. He stops short of using his bow and arrow in the same way as Hubertus the Saint stopped short from shooting a stag, when suddenly between the antlers he saw a cross. And here the centaur is seen having, as it were, transformed this action of the huntsman: the one hand that is used for the bow is free and makes a vow, and the other hand plays a string instrument of the very stag he was probably wanting to shoot. That means, these are the inner moments of change which in another form we have heard being referred to as 'Inspiration'. This etherisation of a process that outwardly would just proceed as a normal piece of work, a job – you must shoot and you must finish the job – now is transformed, halted and we hear, as it were, the lyre of this transformation and there is a light appearing behind, and the light shows a cross, very subtly, you can hardly see it. There is also a little plant down below and we know that in this lecture of love the plant is referred to: 'If you acquire love of wisdom from life, this can be compared to a flowering plant when the necessary stage of maturing has been reached,' and he brings in that condition, the maturing, and now he's ready for the stage from the mere work into inspiration.

You know where we have got the Archer, the Centaur as a symbol in the Zodiac and when Steiner speaks about the great Adam Cadmon and says we have many parts in ourselves that develop in a certain time-sequence, the last to be put forward are these 4 signs belonging to the leg of Adam Cadmon – the thigh is Sagittarius the knee is the Capricorn and Aquarius the shanks and Pisces the feet. These Steiner then changes uniquely and designates them the so-called four archetypal professions that engage in will and work: the Huntsman, the Herdsman, the Ploughman and the Merchant.

I am sure you all immediately recognise the St. John's Play by Karl König, where these 4 appear as part of the circle. But they are these 4 professions that help John to regain the Word, that means again the level of a higher consciousness, not of their profession: They in fact must all give up bow and arrow, staff and sickle, and the key, in order to make this step.

> There is something in our work of giving up, offering. This is what is happening in this picture. It leads to inspiration.

I put another picture before us, to make another step and I will leave it, I will not talk much about it, it is the picture by Fra Angelico of Mary Magdalen meeting the Risen Christ as the Gardener. This step needs a little concentration, but we will get there. Already Richard has pointed out that the year 1905, when Rudolf Steiner gave the Fundamental Social Law, was of very great weight. Also, how it had come about as it were in the lap of the Theosophical Society at that time, who did not receive it.

I have made a little further study of this moment in time, and we are led to a very specific moment when a lecture was given in public on the 26th

October 1905, which, for the first time, outlines this new relationship to work and separating it from wages and remuneration. This lecture, in the eyes of some people who have studied the whole background of the Esoteric School, that had started at that time, seems to be of such significance in the wording, the actual wording, that one can say, that is the one lecture that would come out as a consequence of the most sensitive part of the Esoteric School, that was then going to be entrusted to Rudolf Steiner to bring about. Like the exoteric pole or the transformation into the exoteric, what as an esoteric content was to be given then. The words expressed bring us very close to an understanding of work in our time and how the way work is looked upon generally is no longer valid. In a further lecture, he says it in slightly different words (and I have 2 versions here) saying, 'in the fourth Sub-race work was preformed as a tribute,' the 4th Sub-Race is the 4th 'Unterrasse', the Post-atlantean period. 'In the fifth Sub-race work is performed as a commodity and sold. In the sixth sub-race work will be performed as an offering or sacrifice'. Free work. And then comes the sentence: 'The economic needs of existence will then be separated from work' (in the 6th sub-race) 'there will be no more personal possessions, everything will be owned in common, one will no longer work for one's personal existence, but will do everything as absolute sacrifice for humanity.'

This actual lecture from 26th October puts this sacrifice in almost holy words – A public lecture – 'This work becomes something else than mere burden, it will become that into which we place the most holy, namely our compassion for humanity, and we then can speak: 'Holy is work as it is a sacrifice for humanity.' What a wonderful word to hear. And he says towards the end of that talk, and again it's very compact in its meaning: 'Let us bring about, in ourselves, as much as we are able to, what is to happen now; the transformation of work. Working without reward is a sacrifice. Then we will have done our duty, then we will have viewed life in a healthy fashion.

I believe what is given here, leads straight into what was, in a sense, the fruit of this whole esoteric School before the First World War: The Children's Sunday Services. Sunday after Sunday we witness with our children the words:

'We learn that we must work in the world
The Love of man, one to another, enlivens all the work of man
Without Love man's being becomes waste and void'

And it's then that the children hear who is the teacher of that love, in relation to work:

'Christ is the teacher of the Love of man'

Let us make one last step, in returning to our verse on the blackboard. To attempt a transformation of work, does not mean to change the meaning of work or to change the kind of work, it means to raise it into another level. And we must not do that lightly or attempt it with every kind of work, but in the way we have been led these last days, very much through the words that Hans could speak to us, I feel we can understand we don't need to puzzle over the transformation of work. The first stage is on the etheric level and it is there that we need some new insights. On the etheric level time is reversed. We have a relationship to this reversal in our inner exercise of the 'Rückschau', of this looking back every day. That is work-transformation. And we are in some way led this year in our bible-readings, to reading first the 16th, then the 15th and then the 14th chapter of John now in these 3 Saturdays and Sundays, because Rudolf Steiner wanted us to be aware that this is the actual timing that took place. It was an experience on the etheric level for the disciples. We can imagine that on this level something opens up of those images of work transformed. Think of Mary Magdalen who as the first one saw the visible, resurrected Christ, but in an image related to work, namely as the gardener with the hoe over his shoulder, a picture I brought here for us to see, it is so beautifully painted by Fra Angelico.

Dear friends, we are in the Forty Days and on this Easter-Forty day level we can perhaps read this verse anew. It says:

In my Head I feel
Warm fount of Love.

It does not say this is *my* warm fount of Love. We could at this moment imagine that this comes to us as from the work of others, and in the etheric transformation it appears in my head.

In my Heart I feel
Raying Light of Thought

That is not *my* light of thought. My light of thought I feel in my head. We are coming towards an inspirative level, inspiration-grade of consciousness. And the light of thought is experienced in this World-Word coming from without. And when these 2 experiences unite in our head and heart, namely of what is around us, not what is within us, the forces of the surrounding, of 'you' in 'me', then my hands become strong for work, 'for the good work of Man'. Work, not in the sense of being able to lift a heavy shovel, but for this for which it stands in reality: that meaning of the hands that can be seen in the second appearance of the Christ when he stands in front of the disciples and he says: 'Peace be with you', and he showed his hands as a sign, (John 20, verse 20). The good work of man, the good human working is the transformed work, if it takes in the etheric level as a level of reality in which the Christ is present.

Richard Steel

Egoismus und soziale Zukunft

Liebe Freunde,
auf einer solchen Tagung wie unsere, die heute beginnt, möchte man eine Frage stellen: Welcher Beitrag zur allgemeinen Zeitsituation, zur zukünftigen Entwicklung der Menschheit, könnte durch eine gemeinsame Vertiefung in bestimmte Inhalte geleistet werden? Sind Ansätze zu finden für das, was die Gegenwart erfordert? Ich brauche keine langen Ausführungen über die heutige Zeitsituation zu machen, keine Details. Wir beschäftigen uns mehr oder weniger stark ständig damit – wir werden damit konfrontiert, nicht nur in der Zeitung, sondern im Alltagsleben, in jeder alltäglichen Begegnung.

Ich beschränke mich auf einige allgemeine Bemerkungen: Je mehr wir uns dem Jahrhundert-, dem Jahrtausendende nähern, umso mehr spüren wir die Aufbruchstimmung, das Chaos, was dazugehört, – aber auch die Euphorie und die Hoffnungen. Nicht nur im Osten, aber in jüngster Zeit natürlich besonders dort. Der Verfall des sozialistischen Bereiches hat aber deutliche Schattenseiten gezeigt.

Die Zersplitterung ist etwas, was weltweit geschieht – die Vereinzelung der Volks-, Religions- und sonstiger Gruppen –, die Vereinzelung überhaupt des Menschen, Abgrenzung vom Anderen, ausweglose Verständigungsprobleme. Immer mehr zeigen sich verschanzte Situationen, die ohne Lösungen zu sein scheinen.

Diese Abgrenzung und Vereinzelung zeigt sich gerade in unseren Wohlstands-Ländern im Phänomen des Sozial-Notstandes. Soziale Berufe sind uninteressant geworden, man überlegt sich, ob dies mit höheren Gehältern geändert werden kann. Man überlegt sich, ob eine Pflegeversicherung Pflicht werden soll. Aber ob man gepflegt werden wird, kann nicht versichert werden. Heute schon ist es zu einem bekannten Krankheits-Syndrom geworden, in sozialen Berufen vor lauter Liebestaten umzufallen!

Es scheint wirklich ein Zeichen unserer Zeit zu sein, dass eine neue Menschheitsseuche sich über die ganze Erde ausbreitet, und umso mehr ein Zeichen unserer Zeit, dass man zu dem Namen «AIDS» kommt: «To aid» heißt helfen, helfend zuwenden. Es kann einen tief berühren, welche Angst heraufbeschwört wird, Angst vor Ansteckung, die so weit geht, dass fast davon abgeraten wird, einem Verwundeten zu helfen, oder höchstens noch mit Kunststoff-Handschuhen.

Liebe Freunde, ist dies nicht ein absolutes Gegenbild von dem, was ein gewisses Leitbild gerade für unsere Zeit hätte werden sollen? Ich meine das Bild des Guten Samariters. Ich will dies jetzt nicht weiter vertiefen, aber daran erinnern, dass Christus diese Geschichte auf die Frage hin erzählt: «Wie erlange ich die ewigen Lebenskräfte?» Die Zerstörung der Lebenskräfte hängt viel stärker mit dem Egoismus zusammen als man bisher gedacht hat; sowohl die Zerstörung der menschlichen Lebenskräfte als auch der Lebenskräfte der Erde. Die Umwelt töten wir zugunsten eines Krebsgeschwürs, einer sinnlosen Produktionssteigerung. Gerade dieser Egoismus wird sogar des Öfteren – und auch in unseren Kreisen – als der nun mal notwendige Weg zum Individuellen hin proklamiert! Man gibt sich der Illusion hin, dass irgendwann das Wunder geschehen wird, und die so «individuell» gewordenen Menschen werden sich zum Sozialen hin wenden!

Dies scheint mir die Lüge unserer Zeit zu sein an der Schwelle zum nächsten Jahrtausend.

Ich möchte heute zunächst versuchen, einen Blick zurück zu tun zum Anfang dieses Jahrhunderts, mit der Frage nach den Ursprungs-Impulsen der Anthroposophie. Dazu ist es auch wichtig, die damalige Situation zu berücksichtigen: Wir wissen, dass damals eine besondere soziale Not herrschte; die Arbeit Robert Owens hatte noch nicht genügend gefruchtet. Es waren verheerende Zustände in der nun auf die Höhe getriebenen Industrialisierung. Menschen mussten teilweise 15 bis 20 Stunden täglich schwer arbeiten und Kinder waren noch dabei! Es war aber auch damals eine Aufbruchstimmung spürbar, der Aufstand der Proletarier. Die soziale Frage, die Frage der Sozialisierung und des Sozialismus, war in aller Munde.

Bis in die Kunst war dieser Aufbruch in das neue Jahrhundert zu bemerken: Die Künstlergruppe «Die Brücke» wurde 1905 gegründet. Eben in diesem Jahr – 1905 – erschienen die Aufsätze Rudolf Steiners «Geisteswissenschaft und Soziale Frage» – das Soziale Hauptgesetz. Der damalige Rahmen seiner Arbeit, die Theosophische Gesellschaft, zeigte kein Interesse an dieser «lebenspraktischen Esoterik», und da Rudolf Steiner nur auf Fragen hin arbeiten konnte, brach er diese Aufsatzreihe ab.

In der gleichen Zeit sprach Rudolf Steiner in Vorträgen sehr eindringlich und in einer besonderen Weise über diese Notwendigkeiten[1], so dass man fast die gleichen Formulierungen findet wie in den Aufsätzen. Gerade diese Frage des Weges aus dem Egoismus und des wahren Weges zur Individualität, bildet den Appell am Ende des Vortrages:

«Die Gegenwart hat die Persönlichkeit herausgebildet. Das Persönliche ist das Charakteristische, das Bedeutungsvolle am Menschen. Selbst die Differenzierungen von Mann und Frau sind da abgeschnitten. Heute gibt es nur noch Persönlichkeit, ohne jegliche andere Differenzierung» – und das schon Anfang des Jahrhunderts! Wie weit haben wir es schon gebracht mit der «Gleichmacherei»? Im Weiteren kommen dann Worte, die deutlich an das Soziale Hauptgesetz anknüpfen, ohne es zu benennen:

«Solange der Mensch nur die Befriedigung seiner Bedürfnisse sucht, ist er Persönlichkeit. Wenn er tut, was darüber hinausführt, ist er Individualität. Diesen Quell können wir nur im einzelnen Individuum finden; der Mensch ist der Vermittler zwischen der geistigen und sinnlichen Welt, der Mensch vermittelt zwischen den beiden. Das ist die zweifache Art, wie wir dem Menschen gegenübertreten können. Als Persönlichkeit sind wir im Grunde genommen alle gleich: Der Verstand ist bei dem einen vielleicht etwas mehr, bei dem anderen etwas weniger ausgebildet. Aber nicht so ist es mit der Individualität. Da wird der Mensch zu einem besonderen Charakter, da bringt jeder etwas Besonderes in seine Sendung hinein.»

Hier kommen die «Bedürfnisse» in Verbindung mit der Sendung, vielleicht können wir sagen «Mission». Der Weg von Persönlichkeit – und auf dieser Stufe stehen wir heute alle – zur Individualität wird gewiesen von dem Sozialen Hauptgesetz: Die Bedürfnisse müssen in ein Verhältnis zur *Mission* gebracht werden – zunächst nicht zu einer *persönlichen,* sondern zu einer *gemeinsamen* Mission, die langsam die Sendung des Einzelnen zur Erscheinung bringen kann. Die Bedürfnisfrage ist zutiefst eine

Selbsterkenntnis-Frage. Man kann damit sehen, wie das Soziale Hauptgesetz einen konkreten Ansatzpunkt für die wahre Ich-Entwicklung gibt. Wir kennen dieses Motiv aus den Aufsätzen, direkt nach dem, was im Aufsatz als Formulierung des eigentlichen sozialen Hauptgesetzes kursiv gedruckt ist, aber doch dazugehört:

«Es ist klar, dass dieses Gesetz nichts Geringeres besagt als dieses: Die Menschenwohlfahrt ist umso größer, je geringer der Egoismus ist. Man ist also bei der Umsetzung in die Wirklichkeit darauf angewiesen, dass man es mit Menschen zu tun habe, die den Weg aus dem Egoismus herausfinden.»

Wir werden also zu der Frage geführt, was eigentlich dieser Ich-Einschlag für die Seele des Menschen im Laufe der Entwicklung bewirkt hat. Es ist der Impuls der *Entzweiung!* Vorher, im paradiesischen Zustand, wirkte dieses Prinzip der Polaritäten nicht, das wir als Grundphänomen des Seelischen gut kennen – Sympathie/Antipathie zum Beispiel. Rudolf Steiner benützt diese zwei Begriffe, die ich hier gerne anschreiben möchte. Er hat von der Entstehung eines Doppelwesens des Seelischen gesprochen, von zwei «Urtrieben»: Begierde und Mut.

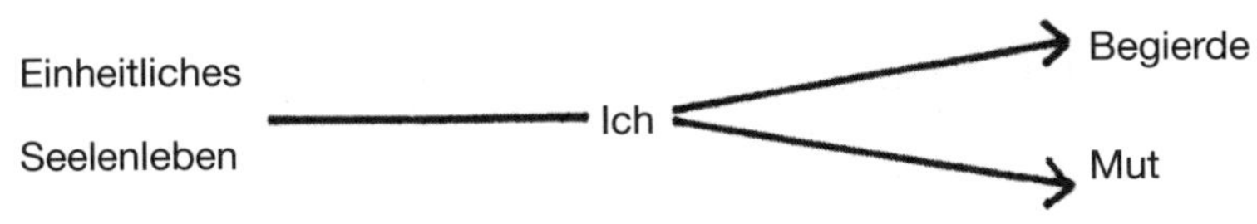

Das Begierdenhafte ist der Drang, *haben* zu wollen, zu sich ziehen zu wollen, für sich selbst zu bekommen. Mut, das klingt zunächst mehr positiv, doch meinen wir damit den Urtrieb, sich durchzusetzen, sich so zu behaupten, wie man geworden ist. Es ist dasjenige, was wir im Sozialen gut kennen als die Ursache des Aneinanderstoßens, der Auseinandersetzung. Ich schildere zunächst, wie diese beiden Prinzipien auf der Stufe der Persönlichkeit wirken. Man kann dann fragen, ob man nicht diese beiden Mächte etwas abschwächen, abtöten müsste, um sozial sein zu können, um überhaupt zusammenleben zu können. Das versuchen wir doch auch immer wieder! Aber durch ein bloßes Abtöten der seelischen Grundtriebe wird das Persönliche lediglich *«unpersönlich»*! Diese Gefahr müssen wir doch erkennen im Gemeinschaftsleben!

In der gleichen Zeit, die wir betrachten (1906), sprach Rudolf Steiner gerade über diese Gefahr in den Vorträgen, die sogar heißen «Ursprungsimpulse der Geisteswissenschaft»[2], in denen er übrigens auch wieder Robert Owen besonders bespricht. Wir kennen ja alle solche Zeiten, wo wir versuchen, uns vor Auseinandersetzungen zu schützen. Wir müssen doch einfach *lieb* zueinander sein und daran denken, wie sehr wir doch voneinander abhängen! Scharf warnt uns Rudolf Steiner vor dieser Vereinfachung:

«Manche Liebe entspringt häufig nur aus Seelenarmut, und Seelenarmut entspringt immer einem verstärkten Egoismus. Und wenn jemand behauptet, dass er ohne einen anderen nicht leben könne, so ist seine eigene Persönlichkeit verarmt, und er sucht nach etwas, das ihn ausfüllt. Er verhüllt das Ganze darin, dass er sagt: Ich werde unpersönlich, ich liebe den anderen. Die schönste, selbstlose Liebe äußert sich darin, dass man den anderen nicht braucht, dass man ihn auch entbehren kann. Der Mensch liebt dann nicht um seiner selbst willen, sondern um des anderen willen.»

Den Weg vom Persönlichen zum Überpersönlichen zu finden heißt, die Seele genügend an das Geistige anzuschließen. Der Egoismus ist der Ungeist, gerade auch im Gemeinschaftsleben: Die Stimmung, die sich in diesem Falle ausbreitet, ist die des *Pessimismus.* Kennen wir nicht diese Untugend, die Rudolf Steiner ebenso scharf «die Schlacke ausgebrannter Geister» nennt? Der Weg zum Geiste, zum «Überpersönlichen» dagegen, erschließt «die Quelle der Gesundheit, der ewigen Jugend». Hat dies nicht mit den «Überschuss-» oder Lebenskräften zu tun?

Wenn ich jetzt den Sprung machen darf zu dem, was Dr. König aus der Lebenspraxis der ersten 21 Jahre der Camphill-Bewegung heraus formuliert hat in dem Aufsatz «Die Camphill-Bewegung» – dann möchte ich daran erinnern, wie wir in den «Drei Säulen Camphills»[3] eine großartige Beschreibung eines Übungsweges haben. Es ist die Beschreibung eines Weges zur Individualität durch die Gemeinschaftsbildung. Man könnte aber genau so gut sagen: Ein Weg zur Gemeinschaftsbildung aus der freien Individualität heraus, denn diese beiden bedingen sich gegenseitig!

Diese drei «Säulen» – das College meeting, der Bibelabend und das

Soziale Hauptgesetz – sind wie Kristallisationspunkte innerhalb des Sozialen für *Qualitäten,* die hinausstrahlen sollten in das Ganze des alltäglichen Lebens – Übungspunkte jeweils als Urgesten für die drei Schichten des Sozialen, der menschlichen Begegnung. Die menschliche Seele ist für ihre Entwicklung schon auf solche sozialen Gestaltungen angewiesen. Und die Gestaltung eines menschengemäßen Sozialen – das wird auch klar anhand der Erfahrung mit diesen drei «Säulen» – erfordert die Kraft der zusammenarbeitenden Individualitäten.

Wie können wir diese drei Bereiche konkreter, realer als einen Übungsweg erfassen? Denn wir alle erleben die Notwendigkeit, je mehr das Jahrtausend seinem Ende entgegengeht, umso mehr Kraft aufzubringen, um diese Gestaltung lebendig zu erhalten, oder gar *weiterzuentwickeln.*

Zu dieser Frage fand ich überraschenderweise eine Hilfe gerade in den erwähnten Vorträgen aus der Zeit des Sozialen Hauptgesetzes.[4] Es ist die Beschreibung der Einweihungsgrade, die Rudolf Steiner in einer besonderen Weise vornimmt. Ich lese einfach ein paar Sätze über die Manas-Stufe:

«... dann hört der Mensch nicht nur dasjenige, was in der Umwelt lebt, dann erklingt ihm in seinem Ätherkörper der innere Sinn der Dinge ... Hier überwindet der Mensch das persönliche Selbst. Es tritt das auf, was Goethe im ‹Chorus mysticus› mit den Worten ausgesprochen hat: ‹Alles Vergängliche ist nur ein Gleichnis›. Was wir sehen, ist nur ein Bild einer ewigen Wesenheit. Wir selbst sind nur ein Bild einer ewigen Wesenheit.»

Hier erlebte ich genau die Qualität, die wir als Kraft spüren, wenn ein College meeting gelingt, wenn in der «Kinderkonferenz» (so heißt das in Föhrenbühl) die ewige Wesenheit durchscheint durch die *gemeinsame* Bemühung, das Gleichnishafte des Vergänglichen selbstlos darzustellen.

Weiter wird die Buddhi-Stufe beschrieben:

«Dann fallen von seiner Seele alle Skrupel und Zweifel ab, dann kann er nicht mehr ein abergläubischer Mensch sein, ebenso wenig wie er ein zweifelnder Mensch sein kann. Dann braucht er sich nicht mehr die Wahrheit dadurch verschaffen, dass er seine Vorstellungen mit der äußeren Umwelt vergleicht, dann lebt er im Ton, im Wort der Dinge, dann tönt und klingt es aus dem Wesen heraus, was es ist. Da gibt es keinen Aberglauben, keinen Zweifel mehr.

Das nennt man die Auslieferung des Schlüssels des Wissens an den Chela. Wenn er diese Stufe erlangt hat, dann tönt ein Wort von der geistigen Welt in diese hinein. Dann verkündigt sein Wort nicht mehr die Wiedergabe dessen, was in dieser Welt ist, sondern es ist sein Wort die Wiedergabe dessen, was aus einer anderen Welt stammt, die hereinwirkt in diese, die aber nicht mit unseren äußeren Sinnen angeschaut werden kann. Boten der Gottheit sind diese Worte.»

Darin kam mir die Stimmung, die Qualität entgegen, die einen erfüllen kann, wenn eine Bibelabend-Runde die Evangelien-Worte zum Klingen, zum Leuchten bringen kann.

Schließlich kommt die Atma-Stufe:

«Erst jetzt fängt der Mensch an, in bewusster Weise in der physischen Welt die Handlungen so zu vollführen, dass er bewusst an seinem Karma arbeitet. Da gewinnt er Einfluss auf das Karma durch das physische Handeln. Da tönt es nicht nur von den Dingen der Umwelt, sondern da ist er so weit, dass er die Namen aller Dinge auszusprechen in der Lage ist … So nun, wie der Durchschnittsmensch seinem Ich allein den Namen gibt, so gibt der Chela im dritten Grade allen Dingen der Welt Namen, die er aus der Intuition heraus hat. Das heißt, er ist aufgegangen in das Welten-Ich. Er spricht aus diesem Welten-Ich selbst heraus. Er darf den tiefinnersten Namen eines jeglichen Dinges zu diesem Dinge sagen, während der auf der Durchschnittsstufe stehende heutige Mensch nur Ich zu sich sagen kann. Wenn der Chela diese Stufe erlangt hat, dann nennt man ihn einen Schwan.»

Liebe Freunde, es ist direkt aufregend, diese knappe Beschreibung mit den letzten Seiten des Aufsatzes über das Soziale Hauptgesetz zusammen zu sehen: Der Egoismus hat sich so weit *erweitert,* dass er *die Welt* in sich schließen kann – der Schüler ist aufgegangen in das Welten-Ich!

Warum mache ich so ausführlich diesen Vergleich auf den drei Ebenen? Einerseits empfinde ich sehr stark, dass Dr. König etwas veranlagt hat in der Struktur des Sozialen, das uns Luft von jenseits der Schwelle immer wieder spüren lassen kann. Andererseits bin ich ebenso überzeugt, dass dieser Weg hin zur Entwicklung der drei höheren Wesensglieder unabdingbar ist für die Gestaltung eines gesunden Sozialen. In den drei «Säulen» haben wir konkrete Anhaltspunkte, Übungsräume und zugleich

Spiegel. Ist dies zu hoch gegriffen für uns Nicht-Eingeweihte? (Spricht da der Pessimismus?)

Ebenso, wie die höheren Wesensglieder des Menschen bereits eingreifen und eingreifen müssen im therapeutischen Prozess in der Heilpädagogik (im «pädagogischen Gesetz» angedeutet), so müssen sie heilend in die Gegliedertheit des Sozialen hineinwirken und tun das sicher auch! Drei Ebenen – und das Soziale Hauptgesetz ist die höchste! Dr. König selbst ordnete den drei Säulen die drei Qualitäten Glaube, Liebe und Hoffnung zu. Zunächst musste ich staunen, dass das Soziale Hauptgesetz mit der *Liebe* zu tun hat, … aber die Arbeit muss zum *Übungsraum der Liebe* werden. Andererseits muss die Arbeit auch zum *Übungsraum der Karma-Erkenntnis* werden. Der Schlüssel zu diesem Raum ist das Soziale Hauptgesetz.

Ich möchte an dieser Stelle daran erinnern, welche unglaublichen Karma-Erkenntnis-Enthüllungen Rudolf Steiner am Ende seines Erdenwirkens noch machen konnte, aber erst nach der Weihnachtstagung. Er sagte selbst[5], wie er erst dann anknüpfen konnte an die eigentlichen Intentionen, an die Ursprungsimpulse der Geisteswissenschaft. An was konnte er anknüpfen?

Im Jahre 1902, zur Gründung der Deutschen Sektion der Theosophischen Gesellschaft, wollte er einen Vortrag halten mit der Überschrift: «Praktische Karmaübungen». Man *wollte* so etwas aber nicht, und der Vortrag wurde nie gehalten! Man kann aber wohl sagen, dass das Soziale Hauptgesetz eine dieser praktischen Karma-Übungen *ist.*

Wir sehen die Absicht, an die Rudolf Steiner nun 1923 anknüpfen konnte: *Esoterisches und Exoterisches* zu verbinden – eine Brücke zu bauen. Aber diese Verbindung zwischen der konkreten *Geist- und Erdenerfahrung* wollte man nicht! So bleibt das Soziale Hauptgesetz heute noch – wie ein Vermächtnis – als der mögliche Schlüssel, als die schaffende dritte Kraft der *Mitte* zwischen Geist und Praxis – zwischen Geist und Wirtschaft. Auch das Polaritäts-Wesen der Seele könnte dadurch Erlösung, Entwicklung erfahren.

Wenn wir dies auf unserer Zeichnung ansehen: Die Begierdenhaftigkeit muss sich auf *Gemeinsames* beziehen, der Egoismus sich *erweitern,* nicht abgetötet oder versteckt werden! Das Gemeinsame des Geistes ist es, was uns in die Zukunft führt. Und der Mut muss uns führen zu einer Erkenntnis des individuellen Karma. Mut zur Bejahung des Platzes, wo ich *jetzt* stehe, zur Bejahung der Menschen, mit denen ich stehe. Nur durch Mut werden wir zur Erkenntnis des eigenen individuellen Karma finden. Dazwischen vermittelt das Soziale Hauptgesetz und schafft Freiraum, dass anstelle des Egoismus Liebe wirken kann.

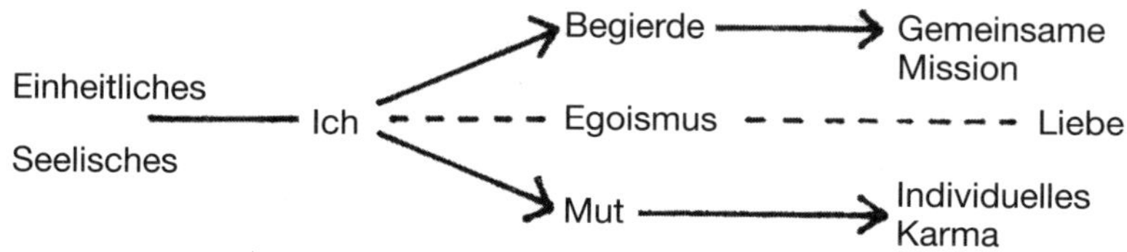

Findet die Seele diesen dreifachen Weg nicht, dann wird sie den zwei Widersachermächten anheim fallen: Die Begierdenhaftigkeit greift in das *eigentliche* Individuelle unseres leiblichen Daseins ein – eine Animalisierung des Leibes.

Der Geist wird gefangen von den äußeren Gesetzmäßigkeiten der physischen und technischen Welt – eine Mechanisierung des Geistes.

Und wenn die Seele sich nicht betäuben lassen will, vegetieren will, dann muss in der Mitte ein neues, ein seelenweckendes Prinzip entstehen, was wirklich ein *heilender Impuls* sein kann.

Es ist sicher allen besonders nahe gegangen, wie oft in diesen Zusammenhängen Rudolf Steiner vom *Heilenden* spricht. Das Soziale Hauptgesetz beginnt mit den Worten: «Das *Heil* einer Gesamtheit …» Wir erleben jetzt täglich in der Eurythmie den Spruch «*Heilsam* ist nur …»[6] Ich habe das Gefühl, dass das Soziale Hauptgesetz den Schlüssel darstellt zu dem heilenden Impuls der Mitte, zu dem, was m Mitteleuropa als eine esoterische heilende Fähigkeit in Zukunft entwickelt werden wird: zum *hygienischen Okkultismus*.

Wenn ich zum Abschluss versuchen darf, diesen Weg zusammenzufassen, den ich aufzeigen wollte, so möchte ich dies mit einem Bild tun:

Der heutige Mensch bringt eine starke Sehnsucht nach einer Brücke zwischen dem Esoterischen und dem Exoterischen mit, aber ebenso eine

Sehnsucht nach einer Brücke zwischen dem Einzelnen und seinem Nächsten, zwischen dem Einzelnen und der Menschheit. Überall dazwischen ist aber eine Schwelle, ein Abgrund, mit allen Gefahren der Schwelle. Es lauern die Gegenmächte, zu denen bereits solche sich dazugesellen, die das Ich *direkt* angreifen. Die Aufgabe scheint zu sein, überschaubare Gemeinschafts-Zusammenhänge auf der Basis des Sozialen Hauptgesetzes und aus den Individualitäten heraus zu bilden, die diese Brückenbautätigkeit entfalten können. Die Herausrettung des Ich-Wesens wird davon abhängen. In einem rätselhaften Satz wird dies schon von Rudolf Steiner angedeutet am Ende des 3. Aufsatzes:

«Und ferner wird er den Sinn erkennen, welcher mit der Menschengemeinschaft verbunden ist, welcher er angehört. Er wird die Verhältnisse begreifen, in denen seine Menschengemeinschaft sich zu anderen stellt; und so *werden sich die Einzelgeister dieser Gemeinschaften zusammenfügen zu einem geistig-zielvollen Bilde von der einheitlichen Mission des ganzen Menschengeschlechtes.*»

Es sind hier wohl geistige, sozial-gestaltende Prinzipien angesprochen, die noch wenig erkannt worden sind. Es ist aber ein Kernsatz, der der Bearbeitung bedarf. Man muss annehmen, dass ein Heilendes für die Menschheit, für die soziale Verbindung und Gestaltung vom Einzelnen hin zum Menschheitlichen, von diesem Weg abhängen wird, der beginnt mit Menschengemeinschaften, die sich bewusst mit geistigen Wesen verbinden *und* die das Soziale Hauptgesetz zur Grundlage des praktischen Lebens machen.

In der Schwellensituation am Ende des Jahrtausends muss etwas entstehen, was aus dem Egoismus heraus zu neuen Verbindungen führen kann. Der allererste Schritt ist, dass Arbeit und Geld getrennt werden, wie am Schwellenfluss des Goethe-Märchens das Gold von der Schlange verschlungen wird, die selbst durch das Opfer zur Brücke wird. Es ist das Gold der bezahlten Arbeit, das, wenn unverwandelt, dem Fluss schädlich – ja gefährlich ist.

Nebenbei bemerkt ist dieses Märchen Inhalt des *ersten* geisteswissenschaftlichen Vortrages Rudolf Steiners gewesen.[7] Er führte auch aus, dass Goethe diese Imagination durch die Templer empfangen konnte, die ja im 14. Jahrhundert verbrannt wurden. Man kann sich fragen, was dieses

Märchen mit den Impulsen der Tempelritter zu tun hat. Bei mir ist der Eindruck entstanden, dass das Soziale Hauptgesetz direkt aus diesem Hintergrund heraus gegeben wurde.

Ein zentrales Motiv des Goetheschen Tempelbau-Märchens ist das Geheimnis der Liebe und «die Liebe herrscht nicht, sie bildet, und das ist mehr.» Die Schlange, die sonst mit dem Bösen in Verbindung gebracht wird, die den Menschen aus dem Paradies herausgelockt hat, bekommt die heilende Farbe der Mitte – grün. Gerade sie kann Brücke werden, braucht aber, um Brücke werden zu können, den Kreis der Menschengemeinschaft um sich:

«Ein Einzelner hilft nicht, sondern, wer sich mit vielen zur rechten Stunde vereinigt. Wir sind zur glücklichen Stunde beisammen; jeder verrichte sein Amt, jeder tue seine Pflicht, und ein allgemeines Glück wird die einzelnen Schmerzen in sich auflösen, wie ein allgemeines Unglück einzelne Freuden verzehrt.»

Liebe Freunde, lasst uns genügend stark aneinander wahrnehmen, damit wir zur glücklichen Stunde beisammen sind – denn: «Es ist an der Zeit.»

Wilhelm Ernst Barkhoff

Nächstenliebe und das Wirtschaftsleben

Sehr verehrte Anwesende, liebe Freunde,
meine Schwestern und Brüder!
Mir ist das Thema gestellt worden: Nächstenliebe und Wirtschaftsleben, und wenn ich Sie jetzt alle etwas prätentiös begrüßt habe, in dreifacher Form, dann meine ich Sie alle als Anwesende, Sie alle als meine Freunde und Sie alle als meine Schwestern und Brüder. Das ist ein Angebot. Sie dürfen sich dann nach meinem Vortrag entscheiden, ob Sie das eine oder das andere oder alle drei Angebote annehmen.

Wenn ich mein Thema, das mir gegeben ist, ansehe, dann frage ich mich natürlich, was ist das eigentlich – Nächstenliebe? Wer ist eigentlich mein Nächster?

Ist das einer derjenigen, die jetzt hier anwesend sind? Ist der Nächste eine räumliche Kategorie, oder ist das Derjenige, dem ich als nächstem nach meinem Vortrag begegne? Ist Nächster vielleicht eine zeitliche Kategorie? Oder ist Nächster eine Kategorie außerhalb von Raum und Zeit? Ist das vielleicht eine geistige Kategorie aus der Ich-Kraft des Christus-Geistes? Beim Nachsinnen darüber stelle ich fest, dass diese Fragen nicht nur mein Problem sind, sondern dass dieses Problem jetzt ganz allgemein in der Menschheit aufgetreten ist.

Seit dem Wirken des Christus auf der Erde gibt es das Wort Nächstenliebe. Heute, 2000 Jahre seit Christi Auferstehung, tritt dieses Wort außerhalb der christlichen Religionsgemeinschaften in das allgemeine menschliche Bewusstsein, das menschheitliche Bewusstsein. Den Anfang machte nicht etwa ein Gedanke, der sich allmählich durchsetzte. Der Anfang war ein weltweit wahrgenommenes Ereignis: Die französische Revolution. Damals brach ein Volk zu neuen Ufern auf unter der Devise: Freiheit, Gleichheit, Brüderlichkeit.

Diese Idee zündete. Die Menschen verbanden sich mit ihr und machten sie zum Ideal. Die Menschen liebten dieses Ideal derart, dass sie es zur Pflicht machten, sich entsprechend dieser Ideale zu benehmen. Das geistige Ideal wurde zum rechtlichen Organisationsprinzip der Menschheit. Und dann, nach dem ersten Weltkrieg, noch stärker nach dem zweiten Weltkrieg, wurde das, was bis dahin noch Ideal war, immer realer, realistischer. Die Menschenrechte wurden unmittelbar für die Menschen verbindlich. Die Menschenrechte wurden beispielsweise in der deutschen Verfassung zum unmittelbar anwendbaren Recht erklärt.

Nun erscheint das zunächst als ein Fortschritt. Aber Recht ist verbindlich, Recht ist der Feind der Freiheit. Recht und Pflicht gehören zusammen. Und ihre Schwester ist die Gewalt. Die innere Gewalt als Polizei. Dic äußcre Gewalt als das Militär. Diese beiden sind die offene Gewalt.

Viel wirksamer ist aber noch die verdeckte Gewalt, die Gewalt, die mit außerordentlichen Zwangsmaßnahmen droht, aber nach außen hin nicht in Erscheinung tritt. Im Sinne dieses Fortschrittes haben wir heute den Rechtsstaat als die höchste Errungenschaft, die wir uns vorstellen können. Wir feiern ihn als einen Fortschritt, als höchstes geistiges Ideal. Es wird aber verwirklicht durch das materielle Recht.

Wir können jetzt fordern und möglicherweise erzwingen, was wir ihrem Wesen nach nur anderen gewähren können: Freiheit, Liebe, Freude und Frieden. Nun ist das so, und wir empfinden insbesondere in Deutschland stark, dass die Verbindlichkeiten, die Pflicht, die Freiheit und auch die Gewalt immer stärker werden und dass man aus dieser Pflicht nicht herauskommt, dass alles das, was wir tun, nicht nur vorgestellt ist als Ideologie, sondern jetzt auch vorgeschrieben ist mit der Absicht, dass es durchgeführt werden soll, ja, notfalls erzwungen werden soll.

Und wir denken uns den Staat als menschliche Gesellschaft, in der wir wie in einem Gerüst herumturnen, aber das Gerüst schreibt uns vor, wie wir uns zu verhalten haben. Und wenn wir das Gerüst verlassen, droht uns der unheimliche Abgrund der Rechtlosigkeit.

Wir sind jetzt in der Situation, dass wir uns von diesem Gerüst freimachen wollen, dass wir uns auf dieses Gerüst stellen und frei werden müssen, dass wir die Verpflichtungen außerhalb von uns selbst setzen, dass wir den Staat unter uns lassen, dass wir auf dem Recht stehen, aber frei handeln können. Um im Bilde zu bleiben, dass wir fliegen lernen über dem Abgrund! Rudolf Steiner hat diese Situation als erster erkannt und auch eine Möglichkeit gefunden, diese Situation zu beschreiben und auch den Weg zu weisen, wie wir aus dieser Bindung an die Menschenrechte herauskommen in eine Gesellschaft, die frei ist.

Wenn Sie die aktuellen Ereignisse nehmen, zum Beispiel den Golfkrieg, sehen wir, dass dieser Krieg im Namen der Menschenrechte geführt wurde. Und fast alle Menschen sind sich bewusst, dass das doch ein Wahnsinn ist, dass das doch Irrsinn ist, im Namen der Menschenrechte hunderttausende von Menschen zu töten. Und jeder versteht sofort, wenn er den Aufkleber liest: «Stellt Euch vor, es gäbe Krieg und keiner ginge hin.»

Wir haben ja die Möglichkeit, wenn die Herrschenden Krieg erklären, zu sagen, wir gehen nicht hin. Es wird in Deutschland nicht einmal bestraft. In der Schweiz ist dies noch anders – aber in Deutschland hat gerade der Bundesgerichtshof entschieden, dass, wenn ich sage, der Soldat ist ein potentieller Mörder, da bin ich strafwürdig, weil ich jemanden oder die Bundeswehr oder die Regierenden, beleidigt habe. – In Bonn sollte ein Denkmal errichtet und enthüllt werden für diejenigen, die während des Krieges desertiert sind, die gesagt haben, diesen Wahnsinn mache ich nicht mehr mit. Sie wurden gefangen genommen und zum Tode verurteilt und hingerichtet. Die Enthüllung dieses Denkmals wurde verboten. Ich will damit sagen, dass auch heute noch derjenige, der sagt, es ist Krieg, und ich gehe nicht hin, kein Denkmal bekommt. Selbst wenn er sein Leben aus Überzeugung hingegeben hat.

In dieser Situation, in dieser zwiespältigen Situation, in der wir Ideen haben in Bezug auf die Freiheit, wir sie aber nicht realisieren können, in dieser Situation leben wir als Zeitgenossen. Diese Situation ist neu und einmalig in der Weltgeschichte. Und es ist außerordentlich schwierig gewesen, diese Situation wenigstens in das Bewusstsein von einigen Menschen zu bringen. Dies ist der Versuch Rudolf Steiners, die Anthroposophische Gesellschaft zu begründen, damit die Gesellschaft, die menschliche Gesellschaft und die Allgemeine Anthroposophische Gesellschaft, identisch werden. Das bisherige Recht, was ja die gesellschaftlichen Verhältnisse regelt, konnte denken, dass der einzelne Mensch eine Person ist. Person ist der physische Mensch, durch den, wie die Sprache sagt, der

Geist und die Seele hindurchtönen (personare ist ein lateinisches Wort und heißt: hindurchtönen).

Die Anthroposophische Gesellschaft ist die Bemühung, den physischen Menschenleib als solchen zu begreifen und gleichzeitig zu wissen, dass der Mensch auch aus Seele und Geist besteht. Es ist dafür eine außerordentliche Willens- und Geistesanstrengung notwendig, die alles andere zurückzudrängen hat und sagt: «Recht brauche ich doch nur, weil ich im physischen Leibe bin, und nun muss ich die Verhältnisse so regeln, dass ich weiß, wie physische Leiber sich miteinander zu verhalten haben.» Dieser Gesichtspunkt hat dazu geführt, dass die Menschen vergessen haben, dass in diesem Leib noch Seele und Geist anwesend sind. Und heute sind wir soweit, dass wir den physischen Leib als die Person identifizieren und Seele und Geist in ihr nicht berücksichtigen. Stellen Sie sich also vor, das Bürgerliche Gesetzbuch beschreibt nur die physischen Verhältnisse der Menschen zueinander, die bürgerliche Gesellschaft beschreibt nur, wie diese physischen Leiber sich zueinander zu verhalten haben und die Kapitalgesellschaft, sozusagen die dritte Form von Gesellschaften, beschreibt nur, wie man mit den Gütern dieser Welt gemeinsam umgehen kann.

Nun kommt Rudolf Steiner und begründet die Anthroposophische Gesellschaft, die zur Pflege des seelischen Lebens im einzelnen Menschen und in der menschlichen Gesellschaft sich zusammenschließt. Das ist also eine Gesellschaft, die auf dem Recht steht, aber selbst rechtsfrei sein will. Da ist jeder allein. Da ist jeder anders als der andere. In der alten Gesellschaft wird gleich behandelt. In der neuen Gesellschaft wird jeder ungleich behandelt. Aber es ist noch komplizierter. In der neuen Gesellschaft, von der Rudolf Steiner spricht, und die wir leben wollen, wird gleichzeitig gleich und ungleich behandelt.

Selbstverständlich sind wir alle gleich. Wir sehen das, wir haben alle Augenbrauen und Haare auf dem Kopf. Wir haben alle Arme, wir sind doch alle gleich. Aber wenn ich hier von meinem Pult auf Sie herabschaue, so ist keiner gleich. Es ist jeder unverwechselbar anders, und darin liegt eine neue Qualität. Wir sind gleich, weil wir alle anders sind. Unsere Gleichheit besteht darin, dass wir von derselben Qualität sind, nämlich individuell anders, unteilbar jeder, aber auch jeder anders als jeder andere.

Das kann man mit den herkömmlichen Rechtsbegriffen nicht zusammenbringen. Mit den herkömmlichen Begriffen, die wir haben im Rechtsleben, muss ich die Menschen erst gleichmachen, wenn ich zum Beispiel sage, so sieht der normale Mensch aus. Normalsein heißt – Norm ist das Gesetz –, derjenige, der zum Gesetz passt. Nicht das Gesetz hat sich den Menschen anzupassen, sondern der Mensch wird dem Gesetz angepasst, er wird als normale, das heißt gesetzestreue Person gedacht.

Aber wer von Ihnen will schon normal sein? Nun kann ich fragen: Sind wir denn nicht alle normal? Nun trifft dies wirklich zu: wir sind zur gleichen Zeit normal und anomal. Und nun wird uns aufgegeben, dies gleichzeitig zu denken und gleichzeitig drei Schritte in der Moral zu machen und uns auch so zu verhalten, dass wir normal und anomal gleichzeitig sind.

Die drei Schritte in der Moral beziehen sich darauf, dass wir drei Reichen angehören, dem Geistigen, dem Seelischen und dem Materiellen. Oder auch dem Ich-Bereich, dem Zeit-Bereich und dem Raum-Bereich und dass wir sie auf einen Punkt bringen. Wir müssen uns so verhalten, dass wir normal und anomal gleichzeitig sind. Das ist das, worum sich alle Menschen in der Welt bemühen, ob sie dies genau wissen oder nicht. Aber das ist entwicklungsgeschichtlich die Situation, in der wir uns alle befinden und um die wir uns bemühen. Wir haben jedoch das Gefühl, das geht doch gar nicht, oder das geht doch.

Ich will das einmal so stehen lassen, vielleicht noch hinzufügen, dass das, um was wir uns bemühen, was wir da tun, überall in der Welt geschieht, aber dass es einige gibt, die sich dessen bewusst sind und das auch wollen. Die, die sich dessen bewusst sind und das auch wollen, die nennt Rudolf Steiner mit einem Begriff der Soziologie «Anthroposophen».

Ob der Einzelne das will oder nicht, das kann man an seinem physischen Verhalten sehen. Ob einer das will oder nicht, das ist der entscheidende Moment, an dem wir erkennen, ob wir zu denen gehören, die sich dessen bewusst sind. Diejenigen, die sich dessen bewusst sind, die erkennen sich, wenn sie sich begegnen. Sie wissen: Aha, in ihm lebt auch eine Sehnsucht, eine unabweisbare Sehnsucht nach Freiheit. Das verbindet uns miteinander, dieser Wille zur Freiheit. Der ist das Gemeinsame, was wir haben. Bei denjenigen, bei denen wir den Willen zur Freiheit erkennen, sagen wir: Dich betrachten wir als ein Mitglied der freien Menschheit, eines sozialen Organismus, in dem jeder sich um die Freiheit des anderen bemüht. Mit dem wissenschaftlichen Ausdruck nennen wir einen solchen sozialen Organismus Anthroposophie, das Wesen Anthroposophie. Das Wesen Anthroposophie ist wie der Anthroposoph, wie der Mensch, dreigegliedert. Es hat einen Bereich, der urständet in der Weltenweisheit. Einen weiteren Bereich, der urständet in dem Weltenwillen und einen dritten Bereich, der die Verbindung zwischen den beiden herstellt, der seinen Ursprung hat in der Weltenharmonie. Diese drei Bereiche werden in der christlichen Esoterik die Geister der Weisheit, die Seraphine, die Geister des Willens, die Throne und die Geister der Harmonie, die Cherubine genannt.

Diejenigen Menschen, die sich um diese Weltenweisheit kümmern und dies systematisch wissenschaftlich tun, das sind die Mitglieder der *Hochschule für Geisteswissenschaft*. Diejenigen, die sich um die Harmonie kümmern, das sind die Mitglieder der *Anthroposophischen Gesellschaft*. Diejenigen, die sich um die Willensbetätigung, um die kosmische Willensbetätigung kümmern, das sind die Menschen in der *anthroposophischen Bewegung*.

Wenn Sie das sinnend anschauen, werden Sie verstehen, warum zu diesen Gemeinschaften eine Mitgliedschaft im rechtlichen Sinne nicht möglich ist und auch nicht gedacht werden soll. Denn das Recht ist nicht die Wirklichkeit selbst, sondern der Schattenwurf dieser Wirklichkeit. Dieser Schatten ist jetzt so materiell geworden und so abgestorben, dass wir diese Schattenwürfe materielles Recht nennen. Die Wiederbelebung dieses materiellen Rechtes aus dem Grab der Materie und aus seinem verfallenden Leib (dem menschlichen, unter den Völkern verschiedenen Blutes), ist die Aufgabe der Tätigkeit der Menschen in der Anthroposophischen Gesellschaft.

Das ist eine Erklärung, die der andere nicht annehmen muss. Ich liebe ihn trotzdem, wegen seines Willens zur Freiheit und ich spüre, dass ich lieben kann, wen ich will. Ich will nicht mehr durch meine Triebe, durch mein Blut oder sonst etwas gebunden sein, ich bin frei. Es kommt weder auf seine Farbe an, noch auf seine Religion, noch auf sonst irgendein Merkmal, ich kann ihn – bzw. sie – lieben wegen ihrer Unvergleichbarkeit. Aber den, den ich nicht lieben kann, das ist der Normale! Erst wenn ich seine Unvergleichbarkeit erkannt habe, dann bin ich fähig, jeden zu lieben, und zwar einmal aus Mitleid, weil ich weiß, er leidet so wie ich daran, dass er nicht frei ist, aber ich weiß auch, dass ich mich mit ihm freuen kann über jeden Schritt, über jeden Keim, den man legen kann dafür, dass er frei wird, dass er individuell sein kann.

Das ist die allgemeine Gesellschaft, in der sich lediglich Willens- und Erkenntnisprozesse zwischen den Menschen auf örtlicher Ebene abspielen. Sie treten überall in der Welt auf. Das ist die allgemeine Gesellschaft, die sich als eine einheitliche bildet in den Wünschen und in den Intentionen der Menschheit um die ganze Welt. Das ist die Menschheit, die ihre Mission erkennt. Die Menschheit und die Erde hat eine Mission, nämlich: Durch sie wollen die Götter die Liebe lehren und lernen. Durch sie wollen die Menschen die Liebe lernen und sich allseitig lehren. Es gibt keine geeignetere Einrichtung als unsere Erde. Sie und die Menschheit sind eine einzige Herausforderung an jeden einzelnen Menschen, den Sinn der Erde und der Menschheit, oder, um es christlich zu sagen, der Schöpfung, zu erfahren, nämlich liebend die Liebe zu lernen.

Das ist die allgemeine Gesellschaft, das ist die Allgemeine Anthroposophische Gesellschaft, in der sich Willens- und Erkenntnisprozesse zwischen den Menschen abspielen, überall. Diese allgemeine Gesellschaft ist auf das Recht, das felsenhart ist und unerbittlich, gebaut. Darauf steht diese Gesellschaft. Auf dieses Recht ist sie gegründet von Christus, als er sagte: «Auf diesen Felsen will ich meine Kirche bauen.»

Aber für diese Kirche, die ja katholische Kirche heißt (katholos ist griechisch und heißt, sie bezieht sich auf das Ganze), ist die Zeit gekommen, wo sie sich wandelt. Sie war als römische Kirche auf das Recht gebaut, auf Autorität, auf Gewalt. Aber diese Zeit ist vorbei im Bewusstsein der Menschen. Es kommt jetzt darauf an zu begreifen, dass wir sozusagen in einen völlig neuen Zeitraum gestoßen sind, wo wir nicht mehr vorgeschrieben bekommen, was wir tun sollen, sondern wo wir lediglich am Recht nachprüfen können, nachdem wir vorweg aus unserer eigenen moralischen Phantasie gehandelt haben, ob das wirklich im Sinne der freien Menschheit geschehen ist, oder ob wir doch noch alten Vorstellungen unterliegen.

Wie wir uns verhalten sollen, steht nicht im Sozialen Hauptgesetz. Wie wir uns verhalten sollen, steht nicht in der Konstitution der Allgemeinen Anthroposophischen Gesellschaft. Es ist von Christoph Andreas Lindenberg schon gesagt worden, das ist nicht organisierbar, das kann man nur assoziativ gestalten. Rudolf Steiner verlangt von uns den Willen, in jeder Situation die Pflege des seelischen Lebens zu betreiben und zu begreifen, dass es DEN Menschen gar nicht gibt. Es gibt nur DIE Menschen.

Können Sie sich vorstellen, dass Sie in der Vergangenheit und in der Zukunft allein auf der Welt gewesen wären? Die Realität ist die Menschheit und nicht der Mensch. Sicher, die Bibel nennt die Menschheit den Menschen und Christus den Sohn der Menschheit. Diese Menschheit ist geistig. Sie ist der Geistesmensch, wie die Geisteswissenschaft ihn nennt, und dieser Geistesmensch hat sich aus den Geistern der Weisheit, des Willens und der Harmonie gebildet in dem Bestreben, Weisheit, Willen und Harmonie in eines zusammenzubringen. Er hat diese Verbindung geschaffen und dann gesagt: «Ich bin eine Eins, Ich bin der Ich-bin». Das war das erste Wort – der Logos des Johannes-Evangeliums – das je ausgesprochen wurde.

Aus dieser geistigen Bemühung ist die Welt entstanden, und aus dieser geistigen Bemühung ist Jesus, der physische Leib des geistigen Anlasses aller Dinge, aber auch der physische Leib, das physische Maß aller Dinge entstanden. Und wir werden frei sein, indem wir diese Erde zum physischen Wohnort für die Menschen, für das Maß aller Dinge, machen, indem wir die Erde nach dem Maß der geistigen Harmonie umgestalten und nicht, indem wir den Menschen nach physischen Maßen umgestalten.

Das also ist Wirtschaftsleben, diese Erde umzugestalten auf dem Wege der Arbeitsteilung durch alle Menschen. Sie gestalten sie um, indem sie zusammenarbeiten und die Arbeitsvorgänge teilen, so dass die Teile insgesamt sich zusammenfügen zu einem Arbeitsvorgang des Organismus Menschheit und dass diese Zusammenarbeit des einheitlichen Organismus den Sinn einerseits hat, die Menschen die Liebe und Freiheit zu lehren, und andererseits die Erde zum Wohnplatz einer Menschheit, die liebend das Lieben lernt, zu machen. Dies, indem sie die Welt so umgestaltet, dass andere als Liebestaten auf ihr nicht mehr möglich werden.

So wie die Welt jetzt gestaltet ist, ist sie, um es etwas überspitzt zu sagen, so gestaltet, dass Liebestaten nicht, aber Egoismustaten, Gewalttaten, Herrschertaten das Gewöhnliche sind und sich aus der Gestaltung der Welt wie von selbst ergeben.

Diese Tätigkeit der Umgestaltung der Welt zu einer menschengemäßen Welt, die Liebe ermöglicht und fördert, diese Tätigkeit nennen wir Wirtschaftsleben innerhalb des sozialen Organismus, der in seinem geistigen Teil aus dem Wesen Anthroposophie besteht, der in seinem rechtlichen Teil aus der Anthroposophischen Gesellschaft besteht und der in seinem Wirtschaftsteil aus der anthroposophischen Bewegung besteht. Wenn wir wirtschaften, dann befassen wir uns ja mit der physischen oder materiellen Welt, und die Schwierigkeiten, die wir beim Wirtschaften haben, sind alle beträchtlicher Natur. Denn das Rechtsleben, soweit es das Wirtschaftsleben ordnet, ist nicht altruistisch gestaltet, sondern egoistisch. Es kommt nun darauf an, dass der Egoismus so gestaltet wird, dass er immer auch die Allgemeinheit fördert, dass das Wirtschaften der Allgemeinheit so gestaltet ist, dass es immer auch die Initiative des Einzelnen fördert.

Zurzeit sieht das folgendermaßen aus: Wenn wir wirtschaften, dann befassen wir uns ja mit der physischen oder materiellen Welt. Die Schwierigkeiten, die wir beim Wirtschaften haben, sind alle rechtlicher Natur. Wenn ich jetzt irgendetwas haben möchte, was man anderen Menschen in Russland oder Jugoslawien versprochen hat oder es hingeben will, wo Not in der Welt ist, dann stehen rechtliche Barrieren im Wege. Es gehört mir nicht. Wenn es mir gehören würde, würde ich alles nach Süd-Afrika oder wo sonst Not ist, geben. Und nun ist es so, dass manches dem Staat gehört und das gehört eigentlich auch mir. Aber ich kann den Staat nicht bewegen, so zu denken, wie ich, dass der Staat beispielsweise, wenn ich denke, dass irgendein Land Brot notwendig hat, dann dorthin Brot schickt. Er schickt Panzer dorthin. Und ich bezahle das auch mit meinen Steuern, und ich weiß, dass es falsch ist, und ich kann es nicht ändern. Vielen werden ja einfach die Steuern einbehalten, sie werden ja nicht gefragt, ob sie Steuern zahlen wollen oder nicht. Und ehe sie das Geld in die Hand bekommen, sind die Panzer schon bezahlt. Es ist ja so, und das sehen wir auch, dass der Staat eigentlich wirtschaftet. Und die Gesellschaft, die rechtliche Gesellschaft, deren Konzentrat sozusagen der Staat ist, ist so organisiert, dass wir das für selbstverständlich halten. Ja, wir bilden uns sogar ein, dass die Wirtschaft frei sei und dass sie tun und lassen kann, was sie will. Aber sie tut das, was der Staat will, weil sie offen oder versteckt vom Staat gelenkt wird. Dass die wirtschaftlichen Verhältnisse im Osten in Deutschland in Ordnung kommen, dafür soll doch gefälligst Herr Kohl endlich sorgen. Und wenn er das nicht alleine kann, dann soll er sich mit dem Präsidenten der Bundesbank zusammentun, der hat ja schließlich das Geld, dann soll dieser dafür sorgen, dass da Geld hinkommt.

Sehen Sie, im wirtschaftlichen Leben sind wir im Rechtlichen über die Gruppenseele noch nicht hinausgekommen. Wir sind dort nicht zu Individualitäten durchgestoßen. Wir denken sogar, es ist in Ordnung, dass der Staat das macht. Wir haben noch keine Gesellschaftsform gefunden, die der Individualität die Möglichkeit gibt, in das Wirtschaftsleben einzugreifen. Wir haben noch nicht die Möglichkeit gefunden, dass meine Entscheidung dafür relevant ist, was jetzt in der physischen Welt geschieht.

Wir haben noch keine Gesellschaftsform gefunden, die bewirkt, dass in der Gemeinschaft, in dem Staat «lebet der Einzelseele Kraft».

Nun ist, wie in der menschlichen Entwicklung immer, diese Gesellschaftsform natürlich längst ausgebildet. Diese Gesellschaftsform – die sozusagen den Einzelnen souverän macht, sich mit jedem zu verbinden und von jedem zu lösen, und die überall in der Welt präsent zu sein vermag – das ist das Bankwesen, die Bankeinrichtung, das Geldwesen.

Das Bankwesen, das ist eine rechtliche Form des Lebens, in der jetzt Individuen selbständig sich mit jedem, den sie wollen, verbinden können und sich von jedem, den sie nicht wollen, jederzeit lösen können. Das Konto, das man auf der Bank hat, ist der Punkt, wo wir uns noch auf das Recht stützen. Auf diesem Punkt stehen wir alleine und sind auch souverän. Über unser Konto können wir verfügen. Die Bank als Einrichtung und das Geldwesen als das Wesen, was innerhalb dieser Einrichtung lebt, ist weltumspannend. Wenn wir da hineinschlüpfen, können wir als Einzelner trotzdem in Gemeinschaft leben. Die Bank ist eine Einrichtung, die man schaffen kann. Sie hat eine rechtliche Statik. Die Menschen sind jeder auf sich allein gestellt und sind gleichzeitig in der Lage, Gemeinschaften zu bilden, sich zu verbinden, wie sie wollen und solange sie wollen und Gemeinschaften aufzulösen, zu handeln und frei zu sein.

In einer solchen Gesellschaft, die sich bankmäßig organisiert als Einrichtung, kann etwas geschehen, was es bisher in der Welt, aber auch im Kosmos noch nicht gegeben hat. Auf dieser Grenze zwischen Individualität und Person, auf dieser Grenze, wo wir alle gleich sind im physischen Leib und wo wir alle verschieden sind im Seelisch-Geistigen, auf dieser Grenze, wo die Individualität, wo das Ich aus seinem Erdenhaus herauskommt, entsteht eine neue Welt. Sie entsteht auf der Grenze zwischen geistiger Welt und natürlicher Welt. Auf dieser Schwelle versuchen wir, eine neue Qualität geistiger Wesen entstehen zu lassen. Wenn Sie wollen, kann ich auch sagen, eine Erweiterung des Himmels. Wir wollen nicht in den alten Himmel zurück, wir wollen einen neuen, einen erweiterten Himmel schaffen, in dem die Menschen, die neue Rasse, lebt als geistiges Wesen.

Wenn ich das vielleicht verständlicher ausdrücken kann, die Schwelle ist der Weg. Auf dieser Schwelle zwischen Himmel und Erde bewegen wir uns, um eine Qualität geistiger Wesen in uns und mit den anderen zu erschaffen. Wir sind jetzt daran, den neuen Menschen aus der Menschheit werden zu lassen. Der Impuls der Götter, die Menschheit als den Menschen zu schaffen, aus dem der Sohn des Menschen hervorgeht, dieser Impuls ist sozusagen auf seinen Höhepunkt gekommen durch Christi Geburt und Tod. Und nun ist es unsere Aufgabe, uns zu entschließen: Lasset uns aus dem, was jetzt gegeben ist, den neuen Menschen schaffen, damit daraus die Gemeinschaft der Iche geboren werden kann.

Die neuen Gemeinschaften entstehen nicht von selbst, sie werden uns nicht gegeben so wie die alten, wie die Familien und die Blutzusammenhänge.

Die neue Menschheit entsteht nur, wenn und solange wir das jeweils wollen. Das besagt, dass das, was wir gemeinhin als Bewusstseinsseelenkultur bezeichnen, eine Willenskultur ist. Und wenn wir diesen Willen auf die Pflege des seelischen Lebens richten, dann bekommt der Wille die richtige Intention, dann werden wir Willensgemeinschaften. Das heißt, ich kann mich verbinden mit jedem, mit dem ich mich verbinden will.

Ich kann mich mit ihm verbinden, solange ich will, ich kann mich auch von ihm lösen. Und nun ist die Frage, wenn ich mich mit jemandem willensmäßig verbinde, was liegt da eigentlich vor?

In den alten, physischen Gesellschaften war es das Blut, das die Menschen verband. Und nun wissen wir, dass die Blutsbande sich lösen. Die meisten Menschen haben heute schon Erfahrungen. Sie finden Freunde näherstehend als – Familienangehörige. Dies ist möglich geworden durch einen Vorgang, einen physischen Vorgang oder auch einen geistigen Vorgang, den Rudolf Steiner als die Ätherisation des Blutes beschreibt: In uns findet fortwährend eine Substanzverwandlung statt. Unser Blut verwandelt sich im Ätherischen. Das Ätherische als die unterste Stufe der geistigen Welt wirkt durch uns in die Welt. In uns wird so eine neue Qualität des Geistes erzeugt. Das war die Absicht der Hierarchien, als sie sagten: Lasset uns den Menschen schaffen. Lasset und die Menschheit schaffen, die Gruppenseelenhaftigkeit war. Jetzt ist uns aufgegeben: Lasset uns die Menschheit schaffen, die das Gruppenseelenhafte neu erfindet auf der Basis der Einzelseele Kraft, auf der Basis der Ätherisation ihres Blutes.

Rudolf Steiner nennt das, worauf wir zugehen in langen Entwicklungszeiten, die Gruppenseele des Heiligen Geistes. Das ist Pfingsten, wo wir als Unvergleichliche, als diejenigen, die nicht dem Gesetz unterliegen können, weil sie unvergleichlich sind, trotzdem eine Gemeinschaft bilden, weil wir dies wollen. Diese Ströme eines individualisierten Willens, der jetzt auf die Pflege des gemeinsamen Lebens gerichtet ist, das ist das, was nach unserem Tode hier auf dieser Welt von uns übrig bleibt. Rudolf Steiner nennt das das Phantom. Das sind die Kraftströme, die von uns ausgehen, die individualisierten geistig-ätherischen Kraftströme, die wir um uns erzeugen als eine neue Energie in der geistigen Welt. Denken sie einmal so einen Begriff, dass jeder ein Kraftwerk ist, wenn Sie wollen, ein geistiges Kernkraftwerk, aus dem diese individualisierten ätherischen Kräfte, individualisierten Liebeskräfte, in die Gestaltung der Welt eingreifen. Dafür geeignete Leiber zu schaffen, das ist der Sinn und die Aufgabe des Wirtschaftslebens.

In dem Selbstverständnis einer modernen Wirtschaft steht nicht nur verbal, sondern tatsächlich – nehmen Sie das Wort einmal buchstäblich – tatsächlich der Mensch, und zwar als wirtschaftendes Objekt, der in der Lage ist, sozusagen der Schaffung von Menschenleibern eine Hülle zu geben, der es vermag, ein Organ zu bilden für die Erzeugung dieser neuen Energie, die jetzt in die geistige Welt als individuelle Nächstenliebe hineinkommt.

Die Prinzipien, nach denen dieses Wirtschaftsleben geordnet werden muss, sind nicht rechtlich bestreitbar. Es gibt dafür keine vorgegebene Vorschrift.

Da wir alle unterschiedlich sind und immer unterschiedlicher werden wollen, wird jede Rechtsvorschrift in dem Moment, wo sie erlassen wird, zur Unrechtsvorschrift, denn wir sind ja andere geworden. Das Recht kann uns nicht mehr betreffen.

Ich will eine Geschichte erzählen, damit diese Situation vielleicht ganz in ihrer völligen Schärfe deutlich wird: Während des 1. Weltkrieges kam zu Rudolf Steiner der Direktor eines großen Werkes aus dem Ruhrgebiet, in dem Stickstoff hergestellt wurde, und sagte: Ich bin derjenige, der die industrielle Gewinnung des Stickstoffes aus der Luft erfunden hat, und ich betreibe jetzt dieses Werk, in dem aus diesem Stickstoff das Pulver und der Sprengstoff gemacht wird, der jetzt diesen fürchterlichen Krieg möglich macht. Hätte ich das nicht erfunden, wäre der Krieg längst zu Ende, denn die Strategie der Alliierten ging daraufhin, dass man Chile blockieren könnte. England beherrschte die Meere und konnte Chile da, wo der Stickstoff natürlich vorkam als Salpeter, da, wo die einzige Großquelle war, aus der man damals den Stickstoff holte, absperren. Muss ich nicht jetzt aufhören und in ein Kloster gehen? Was muss ich machen? Ich kann doch damit nicht weiterleben, dass ich derjenige bin, durch den diese Todesmühlen von Verdun, wie man das nannte, überhaupt möglich geworden sind?

Rudolf Steiner soll geantwortet haben: Und wem wollen Sie es dann zumuten, dass er es an Ihrer Stelle tut?

Sehen Sie, das ist unsere Situation, wenn uns heute aufgegeben ist, aus der Welt, wie sie jetzt ist, eine neue Welt zu machen. Ich wage, etwas ganz Skandalöses zu sagen: Müssen wir nicht vielleicht bewusst das Böse tun? Kommt nicht aus der Vergangenheit, oder, wenn Sie so wollen, auch aus der Zukunft das Böse auf uns zu als unsere Realität, in der wir leben? Und wer das Böse anfasst, bekommt böse Hände, oder wer Schmutz anfasst, bekommt schmutzige Hände. Können wir, wie soll ich sagen, sündenfrei leben? Müssen wir nicht bis an die Grenze unserer Existenz auch mit dem Bösen leben? Müssen wir uns nicht vielleicht gegenseitig helfen, damit so schnell wie möglich fertig zu werden, damit wir dann mit immer weniger

Bösem leben können? Genügt es, dass wir sagen, das ist böse und das ist gut, und dass wir nur unser Urteil haben, was gut und böse ist? Die Zeit, dass einer das von außen sagen kann, die Zeit der Eingeweihten, ist zu Ende.

Rudolf Steiner ist Mitglied der Allgemeinen Anthroposophischen Gesellschaft geworden. Er war der Letzte, der uns belehren konnte. Jetzt sind wir aufgerufen, uns unser Urteil selbst zu bilden und zu sehen, dass wir das tun, dass wir in dieser Lage, wo wir an dem Bösen nicht vorbeikommen, so viel von dem Bösen auf uns nehmen, wie wir ertragen können, und dass die Anderen das Leben trotzdem ermöglichen.

Ich darf vielleicht hier noch etwas Ungeheuerliches aussprechen. Nehmen Sie die Szene des Letzten Abendmahls. Christus, Gott und Mensch, weiß, dass am Tisch derjenige sitzt, der ihn, den Gott der Liebe, verraten wird.

Und dann sagt er zu dem Verräter, der das größte Verbrechen begehen will, was man überhaupt begehen kann, nämlich den Gott der Liebe zu verraten: «Was Du tun willst, tue bald», und damit tat er etwas, was noch schlimmer ist, als der Verrat, er stiftet den Verräter an. Er begeht das größte Verbrechen der Weltgeschichte, das man sich überhaupt denken kann. Er nimmt nicht unsere Schuld auf sich, sondern er ist Mensch geworden und schuldig, so schuldig, wie man als Mensch nur werden kann. Das ist der Tod. Das ist der Verlust seiner Existenz als Gott. Er wird Mensch, er wird schuldig. Er gibt sein Gottsein auf. Er inkarniert sich in die Welt und wird der Geist der Erde. Aber er vereinigt sich auch mit der Mutter Erde. Diese Situation gab es. Und dann kommt Ostern, und er steht auf. Aber das ist ja der Anfang der Auferstehung der Menschheit. Wir sind berufen, diese Auferstehung, die da in 3 Tagen geschaffen wurde, nachzuvollziehen.

Wir sind, wie Er, inkarniert in das Materielle, in das Böse, und wir können nichts tun, ohne gleichzeitig auch böse zu sein. Das ist ja unsere Not als Zeitgenossen, dass wir wissen, wir sind ständig dabei, auch Böses zu tun. Wir schalten das Licht an und bezahlen Atomkraftwerke. Wir zahlen Steuern und bezahlen Napalmbomben und Atombomben. Ich will das nicht weiter aussprechen, jeder kennt diese Not, die da ist. Und Wirtschaftsleben ist das, dass wir aus dieser Gefangenschaft, in der wir sind, in der Christus auch noch ist, herauskommen. Wir sind ja auch aus Fleisch und Blut, aus Materie.

Überall darin ist Christus und wartet darauf, dass wir die Materie öffnen, dass wir uns mit ihm entwickeln, freimachen, dass wir davon wegkommen, uns die Hände schmutzig zu machen, aber im Vertrauen darauf, dass wir zwar gegenseitig wissen, das ist unsere Not, noch müssen wir es tun, aber dass wir uns daraus befreien wollen, damit Liebe und Frieden und Freiheit Wirklichkeit werden können.

Ich will noch etwas auf unsere Situation eingehen. Vor Christi Geburt lebte und wirkte Johannes der Täufer, und sein Wort war: Ändert euren Sinn. Lernt, wenn ich das einmal ganz einfach ausdrücken darf, lernt in Bildern zu denken. Wenn ihr euch anseht, versucht dann das Antlitz des anderen zu sehen und nicht sein Gesicht. Ihr seid hellsichtig, sagt Johannes, ihr müsst es nur tun. Selbstverständlich sehe ich, wenn ich jemanden hier ansehe, seine Pickel oder dass ihm hier ein paar Haare fehlen, aber was ich sehen will, ist doch sein Antlitz, seine Vergangenheit, seine Zukunft, seine Gegenwart. Ich erzeuge aus Wahrnehmung und Denken sein Bild, was mir im Anderen aus Vergangenheit und Zukunft entgegenkommt.

Ich will nicht warten, ich bin gegen das Warten. In der Gegenwart mache ich ein Bild von ihm, und da ist Vergangenheit und Zukunft zusammengeflossen. Ich sehe sein ewiges Antlitz. Und Johannes der Täufer sagt nichts anderes als: Lernt das zu denken, das Wahrnehmen und das Denken zusammenzubringen, macht euch Bilder, ändert euren Sinn, ändert euer Denken, ändert eure geistigen Kräfte.

Und nun, 2000 Jahre nach Christi Geburt, kommt jemand zu uns und sagt, ändert euer Handeln. Das einzelne Handeln kann ich nur ändern nach den Prinzipien der Pflege des seelischen Lebens in mir, im einzelnen Menschen.

Wenn ich das Handeln der Gesellschaft, der Gemeinschaft ändern will, dann muss ich das gesellschaftliche, das gemeinschaftliche Handeln ändern. Das ist vielleicht schwer zu erklären, es ist genau so schwer und so leicht wie das Ändern des Sinns. Jeder von uns ist hellsichtig, wenn er den Anderen ansieht. Er muss es bloß wollen. Jeder ist hellhörig und hört, was der Andere sagen will, er muss es nur wollen. Und ähnlich ist es mit dem Geben und Nehmen. Ich kann das tun und kann dabei an den Anderen denken, und ich kann es tun und kann dabei an mich denken.

Aber wenn ich auf der Schwelle bin, kann ich vielleicht sogar an beide denken. Wenn ich selbstlos bin, wenn ich an meinen physischen Leib nicht denke, dann kann ich vielleicht ahnen, dass, wenn ich Freundschaft denke, ich gleichzeitig an meine Freunde und an mich denke. Und ich kann vielleicht, wenn ich die Durchindividualisierung des Ätherischen, die ätherische Welt, die neu von mir geschaffene ätherische Welt, real nehme, so kann ich vielleicht denken, dass das, was Freundschaft ist, mir zur Gewohnheit wird, dass diese neue ätherische Welt meine Wohnung wird, in der ich lebe, dass mein Wille sozusagen Dauer hat, nicht immer erneuert werden muss, sondern dass die Erneuerung endgültig ist.

Ich will noch folgendes sagen: Vielleicht können wir den Gedanken der wiederholten Erdenleben einmal ganz kindlich in diese Bemühung einbeziehen. Wenn ich «kindlich» sage, so meine ich nicht unbedingt nur das sinnlich Wahrnehmbare, sondern ich denke, dass wir das einmal naiv ansehen gemeinsam, weil wir ja in seinem vollen Umfang gar nicht aussprechen können, was gemeint ist mit dem wiederholten Erdenleben. Sehen Sie: In der geistigen Welt haben wir, nehmen wir es einmal an, uns verabredet, dass wir zu einer solchen geistigen oder seelischen Anstrengung, wie wir sie jetzt unternehmen, hier zusammenkommen wollten.

Stellen Sie sich vor, dass das vielleicht der Sinn unserer Inkarnation ist, dass wir uns über den Sinn unseres Lebens hier verständigen, dass wir insofern alle gleichzeitig räumlich anwesend sind, also gegenseitig unter räumlichen Gesichtspunkten einander die Nächsten sind, und dass wir jetzt im Augenblick zusammen sind, und dass wir in zehn Minuten ganz andere Begegnungen haben – die vielleicht gar nicht so lange dauern wie diese! –, dass wir dann unter zeitlichen Gesichtspunkten andere Nächste haben.

Stellen Sie sich jetzt den Tourismus, der um die Welt geht, die Völkerwanderungen und die Flüchtlingsströme als gewollt vor, um einander zu begegnen, so dass im Einzelnen sich nicht die ganze Welt spiegelt, sondern sich die ganze Welt erkennt, sich als Gemeinschaft findet. Und nun, dass wir auch die Möglichkeit haben, uns im Geistigen zu verbinden, uns in Gemeinschaften zu verbinden, ganz real in einer durchindividualisierten Welt, in der auch Christus leben wird, wie er verheißen hat, und in der wir jedem von uns jederzeit und überall begegnen können, wenn wir es wollen: Diese Begegnung ist der Sinn des Lebens. Gemeinschaftsbildung ist der Sinn des Lebens. Sie findet statt im Gespräch, sie findet statt in der Arbeit, und sie findet statt im Handel, im Geben und Nehmen.

Darin den Egoismus zu überwinden, aber auch den Individualismus zu überwinden und eine neue Qualität zu erfinden, eine neue Qualität der Kraftentfaltung, eine neue Qualität der Bewegung, so dass wir auch selbst in unseren Gedanken, in unserer Arbeit und im Geben und Nehmen voller Phantasie sind und nur das tun, was uns die Phantasie, die moralische Phantasie im Augenblick, in der Gegenwart eingibt. Unser Aufenthalt in der Welt ist die Übung, nichts nach einer Regel, sondern alles aus Phantasie jetzt zu erfinden, nach der Methode der Pflege des seelischen Lebens.

Sie haben einen Camphill-Platz, auf dem Sie zusammenkommen können und in dem Sie eine Gemeinschaft bilden, die auch fundiert ist, die auf den 3 Säulen steht. Ihr Problem ist: Wie werde ich da aus dieser Isolierung heraus ein Glied, das das Leid der gesamten Welt mitträgt? Wie werde ich, wie werden die Mauern, die um uns herum sind, so durchlässig, dass ich Zeitgenosse bin und nicht in einer Gemeinschaft, die sich herausgelöst hat aus der Zeitgenossenschaft? Wie werde ich Allgemeine Anthroposophische Gesellschaft?

Und mein Problem: (Ich bin nicht eigentlicher Camphiller, aber selbstverständlich bin ich mit Ihnen verbunden in der Anthroposophischen Gesellschaft! Ich lebe seit sicherlich gut 15 Jahren in einer Wirtschaftsgemeinschaft, so wie die Camphiller auch hier leben). Wir haben einen gemeinsamen Bauernhof, wir haben gemeinsame Schulen; wir haben gemeinsame Altersheime; wir haben selbstverständlich ein Zweig-Haus; wir haben Abende, zu denen wir gehen; wir haben eine Bank, die wir betreiben; wir haben eine Anwaltspraxis; wir haben alles, was Sie auch haben, nur verteilt in einer Stadt von 400 000 Einwohnern und im Ruhrgebiet, sagen wir, von 10 Millionen vielleicht, die da gleichzeitig wohnen. Wir haben keinen Mittelpunkt, unsere Sehnsucht ist, dass wir Gemeinschaft bilden und nicht überall zerstreut sind. Wir haben natürlich Sehnsucht danach, in Camphill zu leben, und dann haben wir wiederum keine Lust, in Camphill zu leben, weil wir sagen, das ist nicht die Allgemeine Anthroposophische Gesellschaft, sondern das ist Camphill.

Und so leben wir auf dieser Schwelle mit der Sehnsucht nach Gemeinsamkeit und mit der Furcht vor dieser Gemeinsamkeit. Und auch wir werden nur zusammengehalten durch unseren Willen: Ich kann lieben – und ich tue das auch –, wen ich will. Und ich weiß auch, dass dann das Heil einer Gesamtheit von Zusammenarbeitenden am größten ist, wenn sie sich alle lieben; aber ich will nicht immer lieben. Natürlich will ich immer lieben. Aber das ist die Schwelle, das ist der Weg, dass ich frei bin. Wenn ich jemanden nicht leiden mag, dann will ich ihn nicht lieben, aber ich kann auch einen, den ich nicht leiden mag, trotzdem lieben, obwohl ich ihn nicht leiden mag. Ich wollte zeigen, dass das Bemühen in Camphill und das menschliche Bemühen außerhalb Camphills das gleiche ist.

Wir haben die gleichen Probleme, nur sehen wir auf der einen Seite mehr, Ihr mehr auf der anderen Seite, aber die Probleme sind dieselben. Wir sagen bislang jeden Tag fünf Mal: Wenn ich die Anthroposophie nicht gefunden hätte, was wäre dann aus mir geworden? Und wir sagen natürlich genauso fünf Mal jeden Tag: Aus dieser Anthroposophischen Gesellschaft kann doch nicht das werden, was wir meinen. Wir leben in dieser Ungewissheit. Sicher sind wir hellsichtig, aber noch nicht hellsichtig genug. Und immer schleicht die Frage sich an uns heran: Sitzen wir denn auf dem richtigen Dampfer? Aber wenn ich denken will, was ich will, wenn ich lieben will, wen ich will, dann merke ich, dass ich auf dem richtigen Dampfer sitze.

Nun vielleicht noch eines zum Abschluss: Möglich, dass man wirklich in Freiheit leben kann. Wir werden es jedoch nur, wenn wir uns aus den alten Gesetzmäßigkeiten lösen. Das menschliche Leben muss auf die Individualität gegründet werden, auch rechtlich. Die Möglichkeit, und zwar die einzige Möglichkeit, die jetzt noch mit Hilfe der Hierarchien entwickelt werden kann, das Recht haben wir schon entwickelt, sind die Konten des Bankwesens. Die Organisationsform, die uns frei lässt, die jeden Einzelnen frei lässt, sind die Konten der Bankeinrichtungen. Da ist das Recht, vom Menschen losgelöst. Die Einrichtung ist rechtlich geordnet und organisiert, aber der Mensch ist frei geworden. Wenn Sie sich in der Bank betätigen mit Ihrem Geld, sind Sie frei. Wir haben keine Wahl, wenn wir frei sein wollen in unseren Taten, dann müssen wir uns bankmäßig organisieren.

Das ist zwingend. Durch dieses Nadelöhr muss man gehen. Auf der anderen Seite wird Freiheit möglich. Wenn wir also die Welt einrichten wollen, kommt es darauf an, dass wir als Einrichtung eine Bank schaffen, in der wir leben, im Selbstversuch.

Das ist ja das Großartige an der Anthroposophie, dass wir nichts tun können, nichts denken können, jedenfalls nichts mit einem erweiterten Bewusstsein oder mit einer neuen Wirtschaftskraft, wenn wir es nicht selbst tun. Es ist das nach der Geisteswissenschaft, nach der naturwissenschaftlichen Methode Denken, neues Denken im Selbstversuch, im Experiment. Wir können versuchen, wie weit wir mit der Energie, die wir in uns schaffen, wie weit wir damit leben können und wie weit wir auf Energie von außen angewiesen sind. Wie weit lebt die Welt von meiner Energie, und wie weit lebe ich von der Energie der Menschen? Das kann ich nachmessen an den Geldbewegungen, die in der Bank stattfinden. Das Geld ist geronnener Geist. Die Menschen können es zu geronnener Liebe machen. Und ich kann in der Buchführung – und das Bankwesen ist, wie Rudolf Steiner sagt, die Weltbuchführung – nachlesen, wie weit diese Substanzverwandlung des Geldes stattgefunden hat, so dass es aus geronnenem Geist zu geronnener Liebe geworden ist.

So kann das Geld zum Medium werden für unser Bewusstsein. Ich kann an dem Schein, von dem Schatten, den die Liebe wirft im Geld, dies messen nach Maß, Zahl und Gewicht, wie weit ich noch auf die Materie angewiesen bin, und wie weit es mir schon möglich ist – und uns möglich ist – im Ätherischen, aus der Kraft des Ätherischen zu leben.

Ich will Schluss machen und sehr um Entschuldigung bitten, dass ich meine Zeit überzogen habe. Und auch, dass ich das, was ich sagen will, nicht verständlich machen kann, weil ich es selbst noch nicht verstehe. Wenn wir nicht werden wie die Kinder, die auch erst Gehen und Sprechen lernen, ehe sie wissen, was sie sagen und wohin sie gehen, dann geschieht nichts. So ist auch meine Aufforderung: Werdet wie die Kinder, ergreift das Bankwesen, und Ihr werdet sehen, wohin es Euch führt. Und im Führen und Ergreifen dieses Bankwesens werden wir von Tag zu Tag unsere Verbindung ändern, Gemeinschaft bilden, die nicht mehr auf Recht gegründet ist, sondern auf unseren freien Willen. Ja, das ist meine Aufforderung: Machen Sie diesen Schritt. Treten Sie in diese neuen Banken ein, auch wenn Sie nicht wissen, was Sie tun. Treten Sie ein im Vertrauen darauf, dass sie von Anthroposophen gemacht sind. Treten Sie ein und ergreifen Sie sie im Selbstversuch. Seien Sie mutig, gehen Sie auf die Schwelle. Sie wissen noch nicht, wo der Abgrund rechts und links ist. Versuchen Sie, auf dieser Schwelle zu verweilen, indem Sie sich auf sich selbst stellen und sagen: Es kann alles auf mich von den anderen zukommen, die auch noch blind auf diese Schwelle getreten sind und nicht wissen, wie die neue Gesellschaft aussehen wird.

Ja, ich danke Ihnen, dass Sie mir zugehört haben, und ich freue mich über die Anwesenden und die Freunde und über die Schwestern und Brüder in diesem Saal.

Michaela Glöckler

Das Soziale Hauptgesetz als heilender Impuls

Liebe Freunde,
viele von Ihnen werden wissen, dass wir in diesem Jahr vom Goetheanum aus an dem Jahresthema der Apokalypse gearbeitet haben. Auf der diesjährigen Ostertagung wurden nun verschiedene Vorträge zu diesem Dokument des Lazarus-Johannes gehalten. Im Miterleben dieser Darstellungen rückte mir ein Gedanke ins Zentrum des Bewusstseins: Diese Apokalypse ist nicht etwas, was in die Zukunft weist, bzw. erst in der Zukunft Schritt für Schritt sich ereignen wird. Diese Apokalypse ist Gegenwart. Dasjenige, was dort geschildert wird als das neue Reich, als das himmlische Jerusalem, als dieser wundervolle Ort, wo der Thronende im Kreise der 24 Ältesten sich befindet und die Menschheit anschaut, dass dieses ist auch Gegenwart. Es wird dies verständlich, dass das gar nicht anders sein kann, wenn wir das Johannes-Evangelium lesen, ja auch, wenn wir die anderen Evangelien anschauen, weil dort ja immer wieder dieses Motiv anklingt: *Das Reich Gottes ist inwendig in Euch.* Dieses neue Reich ist schon da, es ist inwendig in uns. Und dass auch die Apokalypse schon da ist und inwendig in uns ist, das, meine ich, können wir täglich erleben, auch wenn wir es nicht in den Evangelien gelesen haben. Um dieses neue Reich jedoch in uns bewusst zu erleben, dazu müssen wir uns immer einen Ruck geben, dazu müssen wir schon immer wieder auch die großen Anregungen und Hilfen und Orientierungen entgegennehmen wollen, die uns durch die Menschheitsführer nahe gebracht werden.

Dieses apokalyptische Wesen und dieses Wesen des neuen Reiches, sie sind eben zwei Seiten desjenigen, was den Kern unserer menschlichen Persönlichkeit ausmacht, des menschlichen Ich. Es ist die Dramatik der Einwohnung des Ich, des Persönlich-Werdens des Ich, die diese beiden Seiten haben muss, und es gehört ja zu den erschütterndsten Darstellungen überhaupt der Anthroposophie, wenn wir lesen, wie aus dem Chaos und aus den Auseinandersetzungen mit den Kräften des Bösen und der Kränkung und der Krankheit sich unsere fünfte Kultur herausringt und eingeht in die sechste Kultur, eine Kultur der Brüderlichkeit, der Krankheitsüberwindung, der Heilung und wie dann in einer noch späteren Kultur es möglich sein soll, dass dann erst der große Kampf aller gegen alle ausbricht.

Wie ist das zu fassen – dieser Kampf aller gegen alle – nach der Kultur der Brüderlichkeit?

Es ist ganz deutlich, dass die Menschwerdung, diese Ich-Werdung, ein äußerst schmerzhafter Prozess ist, der noch lange andauern wird und der seine Höhepunkte und auch immer wieder seine Abgründe hat, wo aber durch jede Kulturepoche eine neue Stufe errungen werden kann.

So ist es auch ein Unterschied, ob wir heute eine Kultur haben, die ganz gebaut ist auf das Verständnis der Einzelpersönlichkeit. Fünfte Kulturepoche heißt: *Der Mensch fühlt sich selbst als ein Einzelwesen.* Der Mensch wird Person, der Mensch empfindet sein Ich als sein Eigentum. Mit anderen Worten sagt Rudolf Steiner auch: *Unsere Kultur baut ganz auf die Spitze unserer Persönlichkeit.* Es kann aber diese Kultur nur eine Fortsetzung finden, wenn im Schoße dieses Bauens an der Persönlichkeit schon diese Persönlichkeit überwunden wird und eben diese sechste Kulturepoche vorbereitet wird, die eine Kulturepoche sein wird, die ganz auf Gemeinschaftsbildung baut, auf dem Brüderlichkeitsprinzip aufbaut.

Die siebente Kultur jedoch muss eine Menschheitskultur werden. Da heißt es: Der Einzelne steht der ganzen Menschheit gegenüber. Der Kampf aller gegen alle, das heißt: Der einzelne Mensch gegen die ganze Menschheit oder mit der ganzen Menschheit. Da entscheidet sich eigentlich erst, ob das Christentum wirklich jeden einzelnen Menschen bis in sein innerstes Zentrum ergriffen hat, und ob durch alle Gruppen- und Gemeinschaftsbildungen hindurch der menschheitliche Zusammenhang erlebt werden kann. Da erst wird die Menschwerdung so weit fortgeschritten sein, dass jeder einzelne Mensch in Freiheit erkennt: Ich bin ein Glied, nicht meiner Gemeinschaft, meines Schicksalkreises, sondern der ganzen Menschheit; und dass an dieser Schwelle, wo nun auch Gemeinschaftsgeister sozusagen überwunden werden müssen, nochmals eine schwerste Prüfung für jeden Einzelnen ansteht und nochmals diese Ichheit in ganz neuer Form, auch in ihrer ganzen Tragik, erleben und gestalten muss. Das, meine ich, kann man vorausempfinden.

Es sind diese drei Kulturepochen, die fünfte, die sechste und die siebte, eigentlich gewaltige Schritte in der Menschheitsentwicklung, in der Ich-Findung, in der Gemeinschaftsbildung, wo wir lernen, dieses Ich in den Dienst einer Gemeinschaft zu stellen und dann – in einem gewaltigen dritten Schritt –, wo wir lernen, unser Ich, unsere Gemeinschaft in den Dienst der ganzen Menschheit zu stellen. Damit hängt das Soziale Hauptgesetz zusammen.

Dieses Soziale Hauptgesetz wird von Rudolf Steiner geschildert wie ein Naturgesetz; es ist das Naturgesetz unserer seelisch-geistigen Natur. Und dieses Naturgesetz spricht von dem Bedingen des Heiles und zwar jetzt nicht nur von uns selbst, auch nicht nur von einer Gemeinschaft, sondern letztlich vom Heil der Menschheit. Das wird deutlich, wenn man die Ausführungen liest, die Rudolf Steiner zu diesem Sozialen Hauptgesetz gemacht hat, dass das die große Perspektive ist. Es ist gerade dieses Gesetz, was uns bis zur siebten Kultur hindurch führt – wenn wir es recht verstehen – und an das wir uns immer halten können wie an einen roten Faden.

Aber dieses Gesetz vom Heil hat ein Geschwister, und dieses Geschwister ist der Satz vom Leid, und dieser Satz vom Leid ist genauso menschheitlich und allgemein bis hin zu dieser siebten Kultur orientiert und findet sich in dem Schulungsbuch «Wie erlangt man Erkenntnisse der höheren Welten?» Da sollen wir lernen, uns bewusst zu machen: *«Alles was du leidest, leidest du um eines großen Weltzusammenhanges willen.»* Also, auch das Leid hat Stufen. Es ist nicht nur ein persönliches Leid. Es ist nicht nur das Leid einer Schicksalsgemeinschaft, sondern es ist Teil, es ist Anteil eines großen Weltzusammenhangs in dem wir drinnen stehen, um dessentwillen wir drinnen stehen und durch den wir uns selbst überhaupt nur entwickeln können.

An dieser Stelle möchte ich gerne einer Bitte nachkommen, im Rahmen dieser Betrachtung heute morgen auch etwas zu sagen über die Aufgabe der Medizinischen Sektion, deren wichtigster Zweig ja die Heilpädagogische Bewegung ist.

In den Statuten unserer Anthroposophischen Gesellschaft, in § 5, schildert Rudolf Steiner in aller Kürze den Aufbau, den gesamten Aufbau der neu gegründeten Anthroposophischen Bewegung und Gesellschaft. Er sagt: *«Die Anthroposophische Gesellschaft sieht ein Zentrum ihres Wirkens in der Freien Hochschule für Geisteswissenschaft. Diese wird in drei Klassen bestehen.»* Und dann sagt er noch, dass diese Hochschule auch Sektionen haben wird, und das muss wohl in dieser Kürze recht verwirrend gewesen sein für die Anwesenden, weswegen er dann in der Statutenberatung noch Erläuterungen gibt zu diesem Gesamtaufbau und auf die Tafel eine sehr eindrucksvolle und sehr hilfreiche Zeichnung macht.

Ich bin überzeugt, wenn Sie diese einmal gesehen haben, dann werden Sie – wenn Sie an die Anthroposophische Gesellschaft denken – immer dieses Bild vor Augen haben und so auch stets mit dem Ganzen verbunden sein.

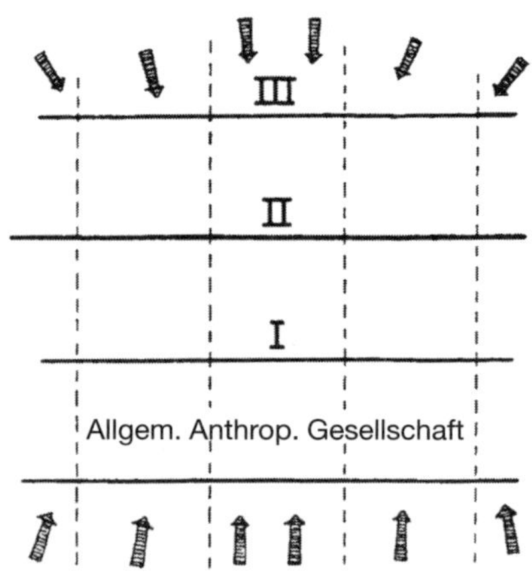

(Pfeile nicht von R.St. gezeichnet, im Sinne seiner Ausführungen ergänzt)

Ich setze jetzt in Form der Pfeile etwas hinzu, was Rudolf Steiner nicht zeichnet, aber berücksichtigt. Das ist das ganz normale Leben mit allen Menschen, die sozusagen im Umkreis der Anthroposophischen Gesellschaft sind und immer wieder durch die verschiedensten Verhältnisse des Lebens an diese Gesellschaft und ihre Menschen herankommen.

Dann beginnt jetzt, was Rudolf Steiner zeichnet. Er macht als erstes eine Abkürzung und schreibt: *«Allgemeine Anthroposophische Gesellschaft.»* Für die gelten die genannten Statuten. Dann kommt ein horizontaler Strich, und eine I als Zeichen für die Erste Klasse der Freien Hochschule für Geisteswissenschaft. Dann kommt die Zweite Klasse der Freien Hochschule für Geisteswissenschaft. Und dann die Dritte Klasse. Das ist die vollständige, neu gegründete Anthroposophische Gesellschaft mit ihrem Zentrum der Hochschule. Und nun zeichnet er die Sektionen ein und sagt, die Sektionen soll man sich nicht horizontal vorstellen, sondern vertikal, sich kreuzend mit den Klassen.

Dann zeichnet er vier vertikale Striche (gestrichelt). Aus denen kann man ersehen, dass es sich hier um Kulturimpulse handelt, um etwas, was vertikal hereindringt, ja einschlägt aus der geistigen Welt in das unmittelbare Leben.

Sektionsarbeit spielt sich hier ab, im Leben, da, wo aus dem Geist heraus gearbeitet wird: Da haben wir selbstverständlich auch Brüder und Schwestern, die nicht in der Anthroposophischen Gesellschaft sind, die aber im Sinne einer solchen Vertikalen dennoch arbeiten. Es ist wichtig zu wissen, dass diese mit uns auch zusammengehören, dass wir auch von ihnen lernen können, dass da auch ein reger Austausch sein muss. Es macht einfach betroffen, wenn man sieht, diese Striche gehen über die Anthroposophische Gesellschaft hinaus ins Leben. Aber sie ragen auch in diese Dritte Klasse herein und über diese hinaus. Über diese Dritte Klasse wird keine horizontale Linie mehr gezeichnet. Da ist es offen. Aus den wenigen Andeutungen, die wir wissen über die inhaltliche Gestaltung dieser Klassen der Hochschule, kann eines ganz deutlich sein: Das ist, dass die Aufgabe der Anthroposophischen Gesellschaft so ist, wie es Marie Steiner auch immer wieder formuliert hat, wie es Rudolf Steiner immer wieder formuliert hat: *Wissenschaft, Kunst und Religion in einer höheren Weise so zu verbinden, dass das eine ohne das andere im Leben nicht mehr sein kann,* dass der Erkenntnisimpuls des Menschen, der künstlerische Impuls des Menschen und der religiöse Impuls des Menschen zusammenwirken, lebendig werden und im Sozialen fruchtbar werden.

Und wie die meisten von Ihnen wissen werden, die Mitglieder der Hochschule sind, und wie die anderen es vielleicht auch wissen, weil sie es bei Rudolf Steiner in seinen Schilderungen von den Aufgaben der Ersten Klasse gelesen haben, ist Aufgabenstellung dieser Ersten Klasse, den Erkenntnisweg in der Gemeinschaft der Brüder und Schwestern zu gehen, ein Bewusstsein zu erringen von der Notwendigkeit, dass die Menschheit als Ganzes heute über die Schwelle zur geistigen Welt gegangen ist.

Das heißt, sich zu einer Gemeinschaft noch einmal wieder anderer Art zusammenzufinden, wo man nun darum ringt, als Gemeinschaft verantwortlich vor die geistige Welt selbst hinzutreten und einen Dienst an der Menschheit in der heutigen Zeit zu leisten, stellvertretend für die Menschheit.

In der Anthroposophischen Gesellschaft bilden wir Gemeinschaften, Gruppen, Arbeitszusammenhänge, wo wir die Botschaft aus der geistigen Welt in Ideenform hören und bearbeiten, uns damit verbinden und aus diesen Botschaften heraus das Leben gestalten wollen. In der Ersten Klasse bemühen wir uns darum, dieselben Botschaften, die wir in der Gesellschaft als Ideen hören, nun unmittelbar aus der geistigen Welt heraus gesprochen, hören zu wollen, uns sozusagen etwas mehr auszusetzen der Nähe der geistigen Welt. Dieses ist ein Schritt in eine andere Verantwortlichkeit hinein, denn wenn man dazu einmal «Ja» gesagt hat, kann man eigentlich nicht mehr zurücktreten. Dann muss das weitergeführt werden, weswegen Rudolf Steiner immer wieder auf die Pflichten hinweist, die wir als Hochschul-Mitglieder übernehmen.

Durch Rudolf Steiners frühzeitigen Tod ist es bei diesem ersten Schritt des Aufbaus der Hochschule geblieben. Wir wissen aber aufgrund dieser Zeichnung und durch das, was durch die Weihnachtstagung gegeben wurde, dass das der ganze Aufbau gewesen wäre, und dass in diesem Keim, in dem, was von ihm noch angelegt wurde, das Ganze veranlagt ist. Aufgrund der Andeutungen, die wir haben über den weiteren Ausbau der Hochschule, können wir annehmen, dass diese drei Klassen in Zusammenhang stehen mit den drei gewaltigen Menschheitsidealen: *Wissenschaft, Kunst und Religion* und dass auf dreifach verschiedene Weise Gemeinschaftsbildungen von Rudolf Steiner veranlagt wurden.

Ita Wegman sollte ja die Leitung der Ersten Klasse haben. Sie hatte die Aufgabe, den Arabismus zu bekämpfen, die Baconschen Idole zu bekämpfen. Und weil sie das übersinnlich nicht vollbringen konnte im vorgeburtlichen Leben, musste das auf der Erde ihre Aufgabe sein in Fortsetzung dessen, was vorgeburtlich begonnen war. Sie war die michaelische Kämpferin, die in den Materialismus, der insbesondere in der Medizin ganz auf die Spitze getrieben ist und den Menschen direkt betrifft, den christlichen, den spirituellen Impuls hineinzubringen hatte. Verchristlichung der Wissenschaft ist hier die Aufgabe.

Marie Steiner war Künstlerin. Sie sollte die Leitung dieser Zweiten Klasse haben. Andeutungen, in welcher Richtung das gegangen wäre, haben wir in einem Stiftungsimpuls vor dem ersten Weltkrieg. Wir haben sie aber auch in der künstlerischen Fortsetzung in den Mysteriendramen. Hier geht es um ein Sozial-Künstlerisches. Hier geht es um die Geheimnisse der Schicksalsgestaltung. Hier geht es nach karmischen Gesetzen um Ernstnehmen des Karma, in dem der eine Mensch lernt, mit dem anderen Menschen zusammenzuwirken. Hier gilt eigentlich das, was wir bisher nur schauen dürfen, wenn wir die Mysteriendramen sehen und erleben, wie im Tempel die Schicksale der Menschen weise geordnet werden und wie schwer es für einen Menschen ist, voll bewusst zu seinem Schicksal ganz durchgreifend ja zu sagen und wirklich wach diesen Tempel der Karmaordnung zu betreten.

Aus diesem Impuls heraus wäre die Zweite Klasse der Hochschule gestaltet worden. Von ihr sagt Rudolf Steiner auf der Weihnachtstagung – auch von der Dritten – dass sich da nicht jeder melden kann, sondern Aufnahmebedingungen da sein werden.

Zu dieser Ersten Klasse kann sich noch jeder melden, der eine bestimmte Zeit Mitglied der Anthroposophischen Gesellschaft ist. Aber hier, wo es tief ins Moralische hineingeht, wo man eigentlich soweit sein muss, ganz selbstlos seinem Schicksal gegenüber zu stehen, damit man es frei und künstlerisch in den Gesamtzusammenhang einordnen kann, dazu waren die Menschen damals noch nicht reif.

Sie konnten noch nicht einmal – und das musste Rudolf Steiner schmerzlich erleben – ihr gegenwärtiges Karma, so wie es sich gestaltet hat, aushalten, und zur Anerkennung des Karma der anderen kommen.

Das Bemühen war da, aber noch nicht die Fähigkeit. So konnte diese nächsthöhere Klasse damals nicht eingerichtet werden. Aber es ist wichtig, dass wir den Impuls als eine Zukunftsaufgabe auffassen und sehen, wohin es eigentlich gehen kann.

Das Dritte liegt dann noch tiefer. Da können wir aus den wenigen Andeutungen deutlich ein Empfinden entwickeln: hier hätte es sich um ein kultisch-religiös-menschheitliches Tun gehandelt, wo deutlich geworden wäre im realen Vollzug, in welchem Menschheits- und Weltzusammenhang die Aufgabe der Anthroposophischen Bewegung steht.

Es ist wichtig, diese Zukunftsperspektiven zu hegen und zu pflegen und sich zu fragen, was muss in mir, im Menschenwesen umgebildet, umsortiert, bearbeitet werden, damit so eine Zukunft Wirklichkeit werden kann? Wir merken zugleich auch, es ist eben die fünfte, die sechste und die siebte Kulturepoche, die hier hätten veranlagt werden sollen. Die Hochschule ist der Ort, wo man zu diesen Aufgaben hätte hinfinden können.

Diese Aufgabe, die Zukunft vorzubereiten, um die Gegenwart dadurch kraftvoller und hilfreicher bewältigen zu können, das ist nun einmal die Aufgabe der anthroposophischen Bewegung und all ihrer Einrichtungen. Und in den Sektionen, wo diese Vertikale gezeichnet ist, da kann man sich einfach nicht damit begnügen, nur auf diese beiden Gebiete zu schauen, weil man sonst im Grunde gar nicht recht versteht, was der Sektionsimpuls eigentlich ist. Denn das erlebt ja jeder, der in einer beruflichen Tätigkeit steht, wie er mit seiner ganzen Existenz drinnensteht, und wie schwer es ist, wirklich ein Repräsentant der Anthroposophie auf einem bestimmten Lebensfeld zu sein.

Die Aufgabe der Medizinischen Sektion ist es nun, für die verschiedenen therapeutischen Berufe Wege zu finden, wie dieses ganz existentielle Drinnenstehen in den Menschheitsaufgaben realisiert werden kann, so dass es im Geiste gründet. Da gehört die heilpädagogische Bewegung eng zum Medizinischen dazu. Es geht um die gesunde Inkarnation, um das überwinden von Entwicklungshindernissen und Unvollkommenheiten.

Dann gibt es noch einen dritten Impuls, in dem die therapeutischen Berufe mit Ärzten und Heilpädagogen verbunden sind. Das ist etwas, was uns sozusagen alle verbindet, das ist der michaelische Auftrag, das Erkenntnisleben selbst, das Geistesleben selbst als Quell der Gesundheit zu erkennen, den die Menschheit heute braucht.

Die Medizinische Sektion als Ganzes hat die Aufgaben, den Heilbedarf der heutigen Menschheit geistig, seelisch und leiblich zu handhaben und vertreten zu lernen und als einen Heilfaktor in die Kultur zu bringen. Da ist der michaelische Aspekt dieser medizinischen Arbeit, die gesundende Wirkung der Geist-Erkenntnis. Der seelische Aspekt unserer Arbeit hingegen ist das Mysterium des Parsifal-Weges, wo das Ringen um das Heil der Menschenseele in der 6. Kultur vorbereitet wird.

Auf leiblicher Ebene haben wir das eigentlich rosenkreuzerisch-alchimistische Geschehen. Drei gewaltige Inspirationsquellen für das geistige, seelische und körperliche Heilen haben wir da bekommen und wir müssen diese in unseren Arbeitszusammenhängen immer stärker empfinden, damit es fruchtbar werden kann.

Im Sozialen Hauptgesetz lernen wir den Grund für unsere Arbeit nicht in uns selbst zu sehen und in dem, was wir gerne tun möchten, sondern im Anderen, für den wir es tun. Das ist die Arbeit. Dieses Gesetz ist ja ein Gesetz. Es gehört also dem Rechtsleben an, diesem mittleren Gebiet des sozialen Lebens. Deswegen ist es therapeutisch, denn alle Heilung geht von der Mitte aus. Es ist ein durch und durch therapeutisches Gesetz. Es atmet den völligen Einklang zwischen Selbst und Welt. Es ist reine Therapie.

Das Geistesleben und das Wirtschaftsleben machen uns krank. Sie vereinzeln uns, stellen uns gegeneinander mit unseren Ideen und Bedürfnissen. Das Rechtsleben muss hier ständig für den richtigen Einklang des Geistes- und des Wirtschaftslebens sorgen sowie Atmung und Blutkreislauf die Nerven-Sinnes- und die Stoffwechsel-Impulse immer wieder in das richtige Verhältnis zueinander bringen müssen.

Deswegen möchte ich jetzt zum Schluss noch einen Blick auf die Realität werfen, dass dies alles sehr schwierig ist, weil wir als Menschen dreigliedrig konstituiert sind und der Egoismus uns genauso legitim in Fleisch und Blut sitzt wie die Möglichkeit des Altruismus. Es ist ein tägliches Ringen, und je schneller man lernt, dass man nie ans Ziel kommt, sondern dass das Ziel das tägliche Bemühen ist, umso schneller wird man ein zufriedener Mensch werden können.

Der Herd des Bösen und alles Egoismus sitzt im Stoffwechsel, und es ist auch leicht verständlich, warum denn unser Stoffwechsel zerstört und aufbaut. Die Nahrung, Repräsentant der Naturreiche, wird Mensch. Die Welt opfert sich, damit der Mensch werden kann. Das geht im Sinnlichen nur durch Zerstörung, durch Verschwinden von Welt und durch die Neuordnung der ganz individuellen menschlichen Substanz.

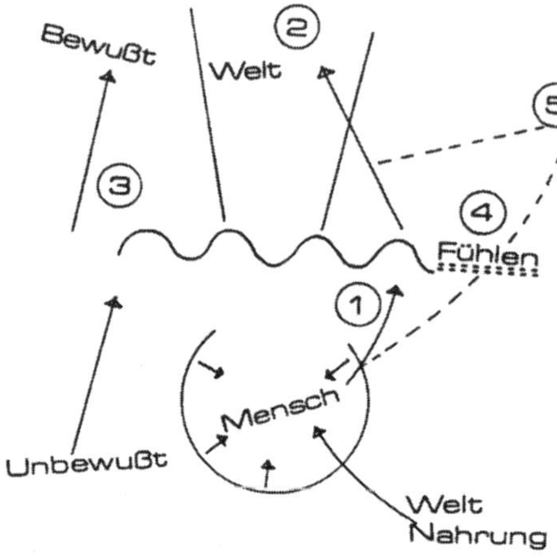

Die Zahlen zeigen die Reihenfolge der einzelnen Elemente der Zeichnung, wie sie von Dr. M.G. gezeichnet wurden.

Hier ist der Egoismus zu Hause (Zeichnung, 1). Gewaltige Verwandlungs- und Willenskräfte bauen unbewusst stofflich dieses ganz individuelle menschliche Eiweiß. Jeder Mensch ist in seinem Immunsystem ein Feind aller anderen. Der Kampf aller gegen alle ist eine physiologische Tatsache des Immunsystems. Da ist es real, auch jetzt schon.

Nehmen wir den anderen Pol (2). Wann denken und schauen wir am besten?

Wenn wir das denken und das schauen, was real in der Welt vorhanden ist, und uns nicht in unsere Lieblingsmeinungen verirren. Wirklich erkennen kann der Mensch nur, wenn er sich selbst bis hin zum Gegenstand der Erkenntnis begibt. Wenn ich selbst nicht liebevoll werde, werde ich Handlungen der Liebe nie wirklich erkennen können. Wenn ich selbst nicht das Wesen der Rose in mir fühle, werde ich sie nie schauen können. Es vollzieht sich eine geheimnisvolle Transsubstantiation, eine Verwandlung des Menschen, wenn er wahrhaft erkennt.

Die Welt lebt in uns, wenn unser Geistesleben gesund ist und wir selbst leben dort nur – insofern wir auch ein Stück Welt sind – ganz gesund!

Alle Kränkung kommt davon, dass der Übergang von der Welt des Unbewussten und in die Welt des Bewussten und umgekehrt (3) nicht wesensgemäß gelingt. Ein Übergang muss gefunden werden, der nicht von selbst geht, wo wir sehen: Dieses mittlere System, das weiß nicht, was es will, das macht ständig das Gegenteil von dem, was es gerade vorher gemacht hat, Ein- und Ausatmung. Es ist etwas physiologisch veranlagt, was einen Rhythmus bewirkt zwischen Mich-der-Welt-Mitteilen und Die-Welt-in-mich-Aufnehmen. Mensch und Welt sind gesund vereinigt in der Atmung. Auf der körperlichen Ebene können wir etwas vollziehen, was dem bewussten Seelenleben erst anfänglich gelingt.

Nun ist diese Aufgabe an der Schwelle zwischen dem bewussten und unbewussten Leben, da wo das Fühlen ist (4), hier diesen Kampf unseres Ich zu führen: Das ist der Kampf der Verwandlung.

In unserem Organismus sind die Tätigkeiten wundervoll geordnet. Das Auge ist am Licht für das Licht gebildet, ein selbstloses Organ. Im Stoffwechsel ist auch der Egoismus am rechten Platz. Er macht uns zur stofflichen Individualität als Grundlage der geistigen. Die Atmung vermittelt zwischen Welt und Selbst. Aber jetzt muss dieser Prozess, das, was wir körperlich sind, von uns in einer freien Tat seelisch-geistig noch einmal geschaffen werden.

Die zweite Geburt des Menschen ist nichts anderes als ein seelisch-geistiges Nachschaffen, ein Noch-einmal-Wollen, ein in freier Weise Gestalten dessen, was die Natur in uns urbildhaft veranlagt hat.

Zu diesem Umschaffen ist das Soziale Hauptgesetz der Anker für das Fühlen, wo das bewusste Leben seinen Grund hat, und wo wir zunächst lernen dürfen, den Grund für unser Handeln im Anderen zu sehen. Da ist der Ort, wo die Liebe zum Schicksal des Anderen, das Interesse für das, was der Andere braucht, zum Aufwachmoment wird, zum Ansatzpunkt für diese Art von Selbsterziehung, wo nun der Egoismus in gesunder Weise sich ausleben kann, indem man seinen ganzen Egoismus, seinen ganzen Ehrgeiz, seine ganze Arbeitskraft für Andere einsetzt.

Wir brauchen nämlich den Egoismus und den Ehrgeiz, denn sonst haben wir überhaupt kein Mark in den Knochen, gar keine richtige Schub- und Triebkraft. Wir müssen uns hundertprozentig einsetzen und den Eindruck haben, nur auf uns kommt es an (5), kein anderer macht es. Aber wir machen es nicht für uns. Da liegt der springende Punkt. Der volle Egoismus ist berechtigt für die Welt, für die Bedürfnisse des Anderen, die wir erkannt haben.

So wird das Soziale Hauptgesetz, wenn wir es recht verstehen, *der* Wegbereiter des Karmagedankens. Denn in dem Augenblick, wo wir uns selbst richtig verstehen, erleben wir: Wir verdanken alles, was wir sind, leiblich, seelisch und geistig, der Welt. Wir sind der Welt karmisch zutiefst verschuldet und alles, was wir tun können, ist, *der Welt ein Menschenwort zurücksagen, der Welt unser Bestes zu geben, was wir aus uns selbst heraus finden und schaffen können.*

Die größte und schwierigste Freiheitsprobe ist, ob wir selbst uns den Impuls geben wollen, ein Mensch zu werden, der so stark ist in seinem Selbstbewusstsein, dass er die Kraft hat, seine Mission in der Welt zu erkennen, wie er aus der Welt heraus geboren ist, sich ihr verdankt und eigentlich nur richtig sich mit der Welt verbinden kann, wenn er bereit ist, sich in der Hingabe im Erkennen der Welt ganz neu wieder zu finden und dazwischen diesen Sterbeprozess durchzumachen, dieses Leid zu durchleiden, was immer verbunden ist, wenn wir bewusst uns selbst, unsere egoistischen Kräfte umwandeln müssen in dienstbare, liebevolle Opferkräfte.

Jede echte Liebestat ist aus dem Schmerz geboren des Verzichts auf Eigen-Wollen, auf Eigen-Liebe. Und es kommt nur so viel Liebe in die Welt, als wir bereit sind, diesen Schmerz der Selbstüberwindung zu leiden. Dieses wollen zu können und darin die Nachfolge Christi zu erleben, das ist letztlich die Aufgabe, die die Arbeit der Medizinischen Sektion hereinstellt in den gesamten Auftrag der Anthroposophischen Bewegung.

Karl König

Drei Grundpfeiler von Camphill

Dreiheit ist das Wesensmerkmal aller lebenden Organismen. Seit dem Beginn von Camphill sind Kräfte des Wachstums, der Entwicklung und Veränderung wirksam geworden, die in der Erkenntnis der dreigliedrigen sozialen Ordnung begründet sind und der menschlichen Struktur aus Körper, Seele und Geist entsprechen. Anlässlich des 21. Jahrestages der Camphill-Gemeinschaft nannte Dr. König drei Persönlichkeiten, die seinen Gedanken Pate standen: Amos Comenius, Graf Zinzendorf und Robert Owen. Der folgende Aufsatz aus dem Jahre 1965 verdeutlicht seine flammenden Überzeugungen, die er aus den 25 Jahren Gemeinschaftsleben im Dienste besonders fürsorgebedürftiger Menschen gewann – Überzeugungen, die auch andere Menschen inspirierten.

Beim Rückblick auf unsere Anfänge vor 25 Jahren erscheinen die ersten Schritte langsam und oft mühsam. Es ist wahrhaftig keine Geschichte von großen und glanzvollen Erfolgen vielmehr von Prüfungen und Irrtümern, von harter Arbeit und vielen Fehlern.

25 Jahre sind eine lange Zeit. Weit größere Dinge haben sich im Verlauf eines Vierteljahrhunderts zugetragen. Aber Camphill sollte wachsen, wenn auch in vielen Schwierigkeiten und unter anfänglich sehr ungünstigen Umständen. Trotzdem ist es seinen Weg gegangen und wird fortfahren, seine Ziele zu verfolgen, obschon vieles noch auf Verwirklichung wartet.

Als wir anfingen, besaßen wir fast nichts. Wir befanden uns in einem fremden Land, und in vielen Teilen der Welt war Krieg. Wir – eine kleine Gruppe von Emigranten – wurden als «feindliche Ausländer» bezeichnet, und die meisten von uns verbrachten viele Monate im Internierungslager. Nach unserer Entlassung tobte der Krieg immer heftiger; das ganze Land kämpfte schwer, um sich gegen den tödlichen Angriff zu verteidigen.

Mitten in diesem Aufruhr von «Schweiß und Arbeit, von Blut und menschlichem Leiden» begann der Same von Camphill aufzugehen. Die stille Botschaft des zurückgebliebenen Kindes erreichte eine Anzahl von Eltern, Ärzten und Lehrern. Die Erziehungsbehörde erfuhr von unserem Versuch und sandte einige Kinder nach Camphill. Es kamen immer neue Anfragen, und bald reichte der Platz nicht mehr aus, um allen Anforderungen gerecht zu werden.

Wir versuchten deshalb, einen benachbarten Besitz zu erwerben oder zu pachten, der unsere Arbeit erweitern sollte. Neue Helfer und Freunde schlossen sich unserer kleinen Gruppe an und arbeiteten mit, aber bei weitem nicht genügend, um den wachsenden Aufgaben gerecht zu werden. Es waren viel zu viele Kinder für die Handvoll Mitarbeiter. Nur durch Gnade des Schicksals und die größtmögliche Opferbereitschaft jedes Einzelnen konnte diese schwierige Periode überwunden werden. Erst allmählich zeigte sich einige Erleichterung und Hilfe.

Aus dem Krieg wurde Frieden, die Grenzen öffneten sich, und junge Menschen vom Kontinent kamen, um zu helfen. Mehr und mehr Eltern, von der schweren Last des Krieges erlöst, unterstützten unsere Bemühungen, und es wurde uns Rat und Hilfe von einflussreichen Menschen zuteil. Der Same von Camphill war bereits zu einer kleinen Pflanze geworden, die Zweige bekommen hatte und nun versuchte, aus eigener Kraft weiter zu wachsen.

Und eines Tages erschienen die ersten vereinzelten Knospen auf den Zweigen dieses kleinen Busches. Sie entfalteten sich zu Blüten und strahlten ihre Schönheit und ihren Duft in unsere Herzen. Diese Blumen waren der innere Sieg unter dem Mantel der äußeren Mühe und Arbeit: der Fortschritt, den wir an manchen unserer Kinder beobachten konnten, der Frieden, den wir langsam im täglichen Leben erworben hatten, das stille Verwundern während der Feiern am Sonntagmorgen, das plötzliche Verständnis des innersten Wesens dieses oder jenes Kindes – das waren die Erlebnisse, die unsere Arbeiten mit Sinn erfüllten. Mit der Zeit wurden wir uns der Schönheit dieser Blumen wirklich bewusst. Wir lernten begreifen, dass ihr Strahlen uns Kraft und Ausdauer verlieh. Es gab auch Zeiten, in denen Camphill ohne Blüten stand. Die Blätter des täglichen Lebens wuchsen zwar weiter, aber keine neuen Knospen erschienen.

Dann konnten ganz plötzlich und unerwartet wieder Blüten auf einem neuen Zweig aufsprießen. Es geschah sogar einige Male, dass sich in der ganzen Bewegung ein Meer von Blüten in wunderbarer Schönheit entfaltete. Das waren jene Zeiten, in denen die Ideale von Camphill stark genug waren, um unser Leben und unsere Arbeit zu durchdringen. Denn diese Blumen sind das Eigentliche von Camphill. Sie erscheinen, leuchten auf und welken wieder.

Manche dieser Blüten aber sind befruchtet und wandeln sich zu Früchten. Wenn das geschieht, können wir klar die Ergebnisse unserer Arbeit erkennen. Mit einer jeden solchen Frucht machen wir einen neuen Schritt im Verständnis unserer Kinder, unserer Arbeit, unserer Aufgabe. Diese Früchte werden für uns nie vergehen. Sie bleiben, sie dauern und nähren unsere weiteren Bemühungen.

Die Grundpfeiler von Camphill sind diese Früchte und Blumen; wenn sie sich nicht weiterentwickeln, wird auch Camphill nicht vorwärts schreiten und sein Versprechen für das zurückgebliebene Kind nicht einhalten können.

Heute weiß die ganze zivilisierte Welt, dass selbst schwere geistige Schäden durch heilende Erziehung gebessert werden können. In Schulen, Heimen und Kliniken sind Heilpädagogik, Beschäftigungstherapie und therapeutische Gemeinschaften inzwischen allgemeine Regel.

Das behinderte Kind wird nicht mehr als schwachsinniges Wesen und als Last für die Gemeinschaft angesehen. Man hat seine allgemein menschlichen Anlagen erkannt und gibt sich große Mühe, diese Kinder zu behandeln, zu erziehen, sie zu unterrichten und ihnen zu helfen.

Für uns als Schüler Rudolf Steiners liegt in jedem Kind – wie auch immer sein geistiger Zustand sein mag – mehr als seine leibliche Erscheinung. Es ist mehr als sein Körper, als seine Empfindungen, als sein gesprochenes oder ungesprochenes Wort ausdrücken. Es ist mehr als alle seine Lebensäußerungen zeigen. Seine Erscheinung ist nur die äußere Hülle eines unsterblichen, ewigen geistigen Wesens.

Was ist damit gemeint? Wir sind überzeugt, dass jeder Mensch als individuelle Existenz nicht nur hier auf Erden, zwischen Geburt und Tod lebt, sondern dass jedes Kind bereits eine geistige Wesenheit war, bevor es geboren wurde, und dass jeder Mensch ebenso weiterleben wird, nachdem er die Pforte des Todes durchschritten hat. Daher ist jede Art geistiger und körperlicher Behinderung weder durch Zufall noch durch Unglück erworben. Sie ist von besonderer Bedeutung für den Menschen und bestimmt, sein Leben zu verwandeln.

Wie jeder andere Mensch, der mit Krankheit zu kämpfen hat, muss das behinderte Kind lernen, mit seinen Schwierigkeiten zu leben oder sie zu überwinden. Als Eltern oder Lehrer haben wir die Aufgabe, an das ewige Wesen des Kindes zu appellieren und sein Schicksal zu erkennen. Wie verborgen seine Individualität auch immer sein mag, wie verdeckt durch mancherlei Schichten von Behinderung, Lahmheit, unbeherrschten Emotionen – wir müssen versuchen, durch diese Hüllen hindurch zu dringen und das Heiligste des Heiligen im Menschen zu erreichen: seine geistige Wesenheit.

Die Überzeugung, dass jeder Mensch dieses «Ich» in sich trägt und dass dieses «Ich» ewig, unzerstörbar und von geistiger Natur ist, ist grundlegend für unsere Einstellung jedem Kinde gegenüber. Es ist unser Bruder und unsere Schwester. Es ist uns und jedem anderen Menschen ebenbürtig. Wir haben es nicht zu tun mit dem *behinderten* Kind, wir haben es zu tun mit dem *Kind*, das behindert ist.

Manche sind zurückgeblieben, andere gelähmt, epileptisch, unfähig oder sie sind faul, anomal und in ihrer Entwicklung gestört. All dies mag so erscheinen. Aber das innerste Wesen der Individualität, das Eigentliche ihres Seins ist nicht nur ewig, es ist göttlich! Es ist Teil der Gottheit, zu der es zurückkehren wird, von der es ausgegangen ist und einmal wieder ausgehen wird. Dieses verkrüppelte und verzerrte Leben ist nur eines unter vielen Leben auf seinem Weg zum Vater. Wir alle sind verlorene Söhne, die ihren Weg zurück zum Haus des ewigen Weltengrundes suchen, dem Urquell unseres Seins. Das ist der erste Grundpfeiler von Camphill.

Und der zweite? Dreimal erzählen die Evangelien die Geschichte des jungen Mannes, der an der Fallsucht litt und den die Jünger nicht heilen konnten. Nur Christus – nachdem er die Stufe der Verklärung durchschritten hat – ist imstande, den bösen Geist auszutreiben. Und als die Jünger fragen, warum sie selber nicht helfen konnten, antwortete er: «Um eures Unglaubens willen. Denn wahrlich ich sage euch, so ihr Glauben habt wie ein Senfkorn, so mögt ihr sagen zu diesem Berge: hebe dich von hinnen dorthin! So wird er sich heben; und euch wird nichts unmöglich sein.» (Matth. 17, 20)

Dieses Wort sollte man nicht wörtlich, sondern geistig nehmen. Es will nur sagen, dass der Mensch mit einer Kraft begabt ist, die schöpferische Möglichkeiten hat. Diese Kraft kann Häuser und Tempel bauen, sie malt Bilder und formt Skulpturen, es ist dieselbe Kraft, die das Rad erfinden, die erste Brücke über einen Fluss gespannt und Pferde gezähmt hat. Es ist die Kraft, die Berge versetzen kann und es getan hat seit dem Beginn der Menschheit. Diese innere Kraft ist weder der Intellekt noch der Verstand des Menschen. Es ist seine Fähigkeit, die Natur umzuwandeln. Es ist die schöpferische Kraft, die wilde Gegenden in liebliche Landschaften verwandelt, die Kraft, die den Acker bebaut, den Webstuhl erfand und die Töpferscheibe. Diese schöpferische Kraft entschwindet immer mehr. In unserer technisierten Zivilisation ist kein Platz mehr für sie. Neue Erfindungen und Maschinen vollziehen all die «schöpferische Arbeit», die bis zum Beginn dieses Jahrhunderts jeder Mensch selbst zu tun hatte.

Diese Wandlung ist im Bereich der industriellen Produktion und im täglichen Leben vollkommen gerechtfertigt. Es ist richtig, einen offenen Feuerplatz durch eine Zentralheizung zu ersetzen und eine hölzerne Bütte durch eine Waschmaschine. Fraglich ist schon, ob ein vom Pferd gezogener Pflug durch einen Traktor ersetzt werden kann. Und wo es um den Menschen geht, da dürfte es keine Frage sein, ob Maschinen an die Stelle der schöpferischen Kraft des Menschen rücken sollen. Nie kann eine Lernmaschine den Lehrer ersetzen, kein mechanisches Kommunikationsmittel den Kontakt von Mensch zu Mensch nachahmen.

Dieses «Senfkorn» des Schöpferischen ist eine der Grundbedingungen der Heilpädagogik. Es muss Tag für Tag in denen erneuert werden, die mit dem behinderten Kind arbeiten. Der Glaube, «Berge versetzen zu können», ist die Voraussetzung für den Lehrer und Helfer auf dem Gebiet der geistigen Behinderung. Er muss ihn erringen, sonst wird seine Arbeit wirkungslos bleiben.

Rudolf Steiner hat in seinen Vorträgen über heilende Erziehung unsere Aufmerksamkeit auf diese Notwendigkeit gelenkt. Er sagte: «Was immer Sie auch tun, wenn Sie ein geistig behindertes Kind behandeln oder erziehen, Sie greifen in sein Schicksal ein. Es ist tatsächlich ein Eingriff in sein

Schicksal!» Wir als Lehrer und Ärzte können die Arbeit für das zurückgebliebene Kind nur leisten, wenn wir in unserer Seele die schöpferische Kraft erzeugen, den Berg der Hemmnisse zu versetzen oder abzutragen.

Diese innere Kraft anzufachen, muss täglich vom Lehrer geübt werden. Er muss sich selbst erziehen und Stetigkeit in seinem Verantwortungsgefühl und seiner Gewissenhaftigkeit erwerben: Verantwortungsgefühl für das Schicksal des behinderten Kindes und Gewissenhaftigkeit in der Arbeit mit demselben sind zwei unerlässliche Tugenden des Heilpädagogen.

Wenn der Lehrer und Helfer dies erreichen kann, eröffnen sich ihm geistige Quellen und Intuitionen, die seine Arbeit leiten und erneuern. Jeden Morgen und Abend muss der Lehrer sich an diesen Urquell des Seins wenden, sei es im Gebet, in der Meditation, Konzentration oder anderen geistigen Übungen. Solch eine innere Erziehung muss regelmäßig geleistet werden. Sonst wird die Kraft des Lehrers nachlassen und seine kostbarste Gabe, der geistige Mut, schwinden.

Als Heilpädagogen brauchen wir ungebrochene Energie und Mut. Einzig Gebet und Meditation können diese besonderen Eigenschaften in der menschlichen Seele der Gegenwart erwirken.

Als die Jünger weiter fragten, warum sie den bösen Geist aus dem Jüngling nicht auszutreiben vermöchten, antwortete Christus: «Diese Art kann durch nichts ausfahren, denn durch Beten und Fasten.» (Mark, 9, 29) Wiederum darf solch ein Wort Christi nicht buchstäblich genommen werden. Wir treiben weder Geister aus noch haben wir es nötig zu fasten. «Geister austreiben» bedeutet, eine entsprechende Umgebung für das behinderte Kind zu schaffen: eine Umgebung liebevollen Friedens und hingebungsvoller Pflege, ein Haus ohne Lärm und Hast, ohne Unruhe und Streit. Und unter Fasten verstehen wir, den Verführungen nicht nachzugeben, die die heutige Zeit bietet: Fernsehen, Radio, Alkohol, Geschwätz und die vielen anderen Dinge, die das Leben so schwierig und unerträglich machen. All dies ist der größte Feind des behinderten Kindes.

Wenn wir auf solche Versuchungen verzichten und ein Leben ohne diesen falschen Glanz führen, werden wir dem behinderten Kind durch «Beten und Fasten» gerecht.

Wer wird das verstehen? Heutzutage werden Millionen von Krüppeln, von behinderten und geistesschwachen Menschen in der ganzen Welt durch die unguten Mächte des Fernsehens und Radios «unterhalten». Mit den besten Absichten werden so die schlechtesten Wirkungen erzielt. In keinem unserer Häuser in Camphill gibt es Fernsehen, und Radio wird nur gehört, wenn besondere Gelegenheiten es nötig machen.

Die Selbsterziehung des Lehrers ist der zweite Grundsatz von Camphill. Seine Ausdauer und Opferbereitschaft, seine unaufhörliche Sorge für das Kind und sein Versuch, zu «fasten und zu beten» und dadurch das «Senfkorn» in seiner Seele zu erschaffen, das ist der zweite Grundpfeiler.

Wir versuchen ihn in unseren heilpädagogischen Seminaren vorzubereiten. Unseren Studenten wird nicht nur Wissen vermittelt. Sie lernen ihre schöpferischen Kräfte entwickeln und in ihnen eine unversiegbare Quelle der Kraft und Opferbereitschaft zu erringen.

Über den dritten Grundsatz ist folgendes zu sagen: Während der letzten zwanzig Jahre ist eine neue Wissenschaft merklich in den Vordergrund des allgemeinen Bewusstseins getreten: die Soziologie. Obwohl es eine alte Wissenschaft ist, hat sie doch niemals im Bewusstsein der Öffentlichkeit gelebt. Aber heute spricht jedermann über menschliche und zwischenmenschliche Beziehungen, Sozial-Psychologie usw. All dies beruht darauf, dass man immer mehr gewahr wird, wie weitgehend jeder Mensch von seiner Umgebung abhängig ist und unter dem tiefen, unmittelbaren Einfluss seiner Mitmenschen steht.

Wir haben den nachhaltigen Einfluss einer Mutter auf ihr Baby verstehen gelernt. Wir wissen, dass kein Kind ungeschädigt aufwächst, wenn es nicht von seiner Umgebung liebevoll behütet und persönlich betreut wird. Wir haben begonnen zu erkennen, dass durch die Familie die Charakterbildung des Einzelnen entscheidend geformt wird, wir haben den Einfluss studiert, den eine größere Gemeinschaft auf jedes ihrer Mitglieder ausübt.

In der Tat haben wir uns durch eine überwältigende Fülle von Beobachtungen davon überzeugen können, dass der Mensch – um mit Aristoteles zu sprechen – ein «zoon politikon», ein «soziales Tier» ist (Zoon war für die Griechen mehr ein «lebendes Wesen» und nicht ein Tier im heutigen Sinne). Der Mensch ist ein soziales Wesen! Wir könnten fast sagen: der Mensch kann nur Mensch sein, wenn er Teil einer menschlichen

Gemeinschaft ist. Ein isolierter Mensch kann seine Menschlichkeit nicht entwickeln. Jeder hängt vom Andern ab; er muss sich dem Andern mitteilen und von dem Andern wahrgenommen werden. Jedes «Ich» braucht sein «Du» jedes «Mein» braucht ein «Sein» oder «Ihr». Dies trifft für alle Menschen zu, für den Gesunden wie für den Kranken, für den Gescheiten wie für den Zurückgebliebenen. Eine Gemeinschaft, welche Form sie auch immer haben mag, ist die wichtigste Hülle jedes Menschen.

Diese soziale Hülle hat mehrere Schichten. Die innerste ist die Familie, die zweite wird durch das Dorf, die Straße oder den Stadtteil gebildet. Die dritte ist das Volk, das die gleiche Sprache spricht. Und die äußerste, größte ist die ganze Menschheit. Genauso wenig wie der Embryo außerhalb der Gebärmutter und ihrer Hüllen existieren kann, ist ein geborener Mensch fähig, außerhalb des Schoßes menschlicher Gemeinschaft zu leben. Wir werden aus einer Hülle in die andere hineingeboren, aus der unserer Mutter in die der Gemeinschaft. Und jedes Kind muss sich aus der einen Umgebung in die andere hineinfügen. Wenn dabei nicht genug liebevolle Führung und zarte Fürsorge waltet, wird dieses Einleben schwierig und manchmal unmöglich gemacht.

Viele behinderte Kinder leiden sehr unter dieser fehlenden Anpassung. Die Enttäuschung der Eltern, die Verständnislosigkeit der Umgebung, die Unfähigkeit, ihre seltsame Erscheinung und ihr ungewöhnliches Benehmen zu begreifen, treibt sie in die Isolation. Das geschieht viel häufiger als wir annehmen. Es ist daher eine der wichtigsten Grundbedingungen jeder Heilpädagogik, eine angemessene soziale Hülle mit den entsprechenden Bereichen gemeinschaftlichen Zusammenlebens für behinderte Kinder und Jugendliche zu schaffen. Das ist die eigentliche Basis für die Arbeit mit geistig behinderten Menschen.

Seit den Anfängen von Camphill waren wir uns dieser grundlegenden Notwendigkeit unserer Arbeit bewusst. Wir haben niemals aufgehört, unsere soziale Struktur umzugestalten und sie den wechselnden Bedingungen anzupassen.

Oberflächliche Beobachter und flüchtige Besucher beurteilen unserer Art zu leben oft mit einer vorgefassten Meinung. Die Tatsache, dass keiner unserer Mitarbeiter Lohn oder Gehalt empfängt, ist nicht eine wirtschaftliche Maßnahme, sondern Teil unseres Bestrebens, die richtige

Umgebung für den behinderten Menschen zu schaffen. Wir sind überzeugt, dass wir unsere Arbeit nicht in der richtigen Weise tun könnten, wenn wir Angestellte wären und ein Gehalt bekämen, weil wir wissen, dass bezahlte Arbeit ihren sozialen Wert von vornherein verloren hat.

Wer einen «Dienst» leistet, kann dafür nicht bezahlt werden, sobald er bezahlt wird, ist es kein «Dienst» mehr. Lohn (nicht Geld) richtet eine Schranke auf zwischen dem, der bezahlt, und dem, der empfängt. Geben und Nehmen ist eine Sache wechselseitiger menschlicher Beziehungen; die echte Beziehung schwindet, sobald Bezahlung dazwischenkommt. Bezahlter Dienst ist kein Dienst, bezahlte Liebe ist keine Liebe; bezahlte Hilfe hat nichts mehr mit Hilfe zu tun. Wenn wir anfangen, die empfindliche Beziehung zwischen «Dienst» und sozialer Umgebung zu verstehen, fällt ein neues Licht auf eine Gemeinschaft, die sich die Erziehung und Sorge für den behinderten Menschen zur Aufgabe gemacht hat. Diese Arbeit kann nur gedeihen, wenn dabei Gehälter keine Rolle spielen. Bezahlung sollte in einer anderen Weise geschehen. Es ist möglich, sie ebenso frei zu handhaben wie den echt geleisteten Dienst.

Im wirtschaftlichen Bereich muss wahre Brüderlichkeit begründet werden: eine Brüderlichkeit der Ungleichheit und der individuellen Maßstäbe. Es kann nicht jeder unter den gleichen Bedingungen leben wie sein Bruder oder seine Schwester. Die irdischen Bedürfnisse der Menschen sind verschieden, aber sie sollten lernen, in Brüderlichkeit zu leben, trotz ihrer unterschiedlichen wirtschaftlichen Notwendigkeiten.

Es gibt allerdings eine andere soziale Sphäre, in der Gleichheit erforderlich ist. Das ist der Bereich des persönlichen Rechtes des Menschen. Das Recht zu sprechen, zu wissen und zu handeln. Eine menschliche Gemeinschaft kann nur funktionieren, wenn diese Rechte wirklich gewahrt werden. Ein jeglicher Arbeitsbereich – sei es eine Schule, ein Geschäft, eine Fabrik oder ein Krankenhaus – kann nur durchdrungen werden mit dem guten Willen aller Beteiligten, wenn jedes Mitglied der Gemeinschaft die Arbeit des anderen kennt oder die Möglichkeit hat, sich über sie zu informieren. Jeder sollte auch das Recht haben, seine Meinung darüber zu sagen, wie die Arbeit verteilt, angeordnet und weitergeführt werden könnte. Jede Stimme muss gehört werden. Und endlich sollte jedem Mitarbeiter Gelegenheit gegeben werden, die Arbeit zu tun, zu der er sich berufen fühlt. Aber er kann dieses Recht nur für sich in Anspruch nehmen, wenn er es auch allen anderen Menschen zugesteht.

Im Bereich menschlichen Zusammenarbeitens und Zusammenlebens ist Gleichheit der Rechte – nicht Brüderlichkeit angezeigt. Der Lebensstandard ist Sache des Einzelnen; er hängt von den persönlichen Bedürfnissen und Notwendigkeiten ab. Aber die Vielfalt der schöpferischen Fähigkeiten, Talente und Arbeitsmöglichkeiten verlangt nach einer Sphäre allgemeiner Rechte, wo gleiches Recht für alle gilt.

Noch einen dritten Bereich gibt es in er sozialen Ordnung: die Sphäre des Individuellen. Weder Gleichheit noch Brüderlichkeit sollten hier herrschen. Das ist der Raum, in dem der Mensch antisozial und Ich-bezogen sein darf. Es ist in unserer Zeit unmöglich, sich fortwährend sozial zu verhalten. Wenn wir das tun wollten, würden wir bald unsere Identität und unsere individuelle Existenz verlieren. Es muss dafür gesorgt werden, dass jedes Mitglied einer Arbeitsgemeinschaft eine gewisse private Sphäre haben kann. Ob das ein eigenes Zimmer oder ein Raum für die eigene Familie ist, das muss er selbst bestimmen. Der Eine wird seine eigene Werkbank haben wollen, der Andere eine eigene Bibliothek, ein Dritter Zeit für eigene Studien. Freiheit soll in diesem sozialen Bereich herrschen – aber nicht ausschließlich Freiheit. Der Einzelne muss sein Gewissen sprechen lassen, damit seine Forderungen im Einklang stehen mit den Notwendigkeiten der Gemeinschaft.

Wenn – Schritt für Schritt – diese Ebenen der sozialen Ordnung erreicht und den Lebensbedingungen angepasst sind, wird Ordnung und Harmonie in der Gemeinschaft herrschen.

Brüderlichkeit	lebt im Wirtschaftsbereich,
Gleichheit	ist erforderlich im Bereich der Zusammenarbeit,
Freiheit	begleitet von der Stimme des Gewissens,
	regiert das Element des Individuellen.

In solch einer Gemeinschaft wird sich das behinderte Kind aufgenommen und sicher fühlen, der zurückgebliebene und verkrüppelte junge Mensch wird sein Menschsein erfahren, und jeder Mitarbeiter wird den Platz finden, auf dem er schöpferisch leben und arbeiten kann. Diese Form der sozialen Ordnung ist der dritte Grundsatz von Camphill.

So sind das die drei Grundpfeiler, die unserem Leben die Basis und unserer Arbeit den Hintergrund geben. Diese Grundpfeiler sind dreifach in ihrer Struktur, und es würde schwerfallen, nur einen oder zwei von ihnen einzuführen, ohne alle drei anzuerkennen. Alle drei Grundpfeiler sind innig miteinander verbunden. Achtung für die geistige Natur des Mitmenschen, die Bemühung um die eigene innere Entwicklung und die Schaffung einer wahren Gemeinschaft sind eine Trinität, sie sind eine dreifache Einheit.

Dieses dreifache Ideal wird kaum jemals hierauf Erden Erfüllung finden. Es sollte ein Ziel sein, das vor uns liegt und das wir zu erreichen suchen. Es ist die Natur jedes Ideals, dass es niemals vollkommen erfüllt werden kann. Das ist menschliches Schicksal. Trotzdem ist es unerlässlich, sich auf den Weg zu machen und einem Ideal nachzustreben.

Wenn das geschieht, wird die Atmosphäre geschaffen, die das entscheidende Bedürfnis jedes behinderten Menschen ist, sei er Kind oder Erwachsener. Es ist die Atmosphäre menschlichen Ringens und Strebens nach geistigen Idealen. Der behinderte Mensch braucht eine Umgebung, die durchdrungen ist von höheren Welten – geistigen wie religiösen.

Das seelenpflege-bedürftige Kind verlangt nach ständiger Erneuerung seiner Seele. Aber diese kann nur entstehen, wenn die Umgebung des Kindes mit höheren Werten erfüllt ist, in der Art der drei Grundpfeiler von Camphill. Eine Gemeinschaft, die nach Vereinigung mit dem Geist strebt, kann den wahren Lebensatem für verkrüppelte, kranke und behinderte Menschen hervorbringen. Die Erneuerung der Seele durch den lebendigen Atem des Geistes ist das letzte Ziel der Heilpädagogik. Sie strebt nach der immer wiederkehrenden Gegenwart des Trösters, des Heiligen Geistes, der der heilende Geist ist. Die drei Grundpfeiler sind eines der Mittel, soziale Bedingungen zu schaffen, in welchen der heilende Geist wirken kann. Er hat die Macht, jedes Kind, jeden Menschen wieder «heil» zu machen. Aber «heil» ist nicht «gesund».

Der Heilige Geist erneuert im Menschen die Kraft, sein Kreuz auf sich zu nehmen und auf dem Pfad des persönlichen Schicksals weiterzuwandern. In einer Gemeinschaft, die nach den drei Grundpfeilern strebt, kann das Wort Johannes‘ des Täufers gehört werden:

Was krumm ist, soll gerade werden,
und was uneben ist,
soll ebener Weg, werden,
und alle Menschen werden
den Heiland Gottes sehen.

(Lukas 3.5, 6)

Seit jener Zeit vor etwa dreißig Jahren hat die allgemeine Versorgung behinderter Menschen an Umfang und Qualität gewonnen und hat in einigen Fällen eine ähnliche Richtung wie die Camphill-Bewegung eingeschlagen.

Die Welle des Mitgefühls, die seit Mitte der 50er Jahre um die Welt gegangen ist, ging einher mit der Erkenntnis, dass nicht nur «einige wenig» behindert sind, sondern dass in der heutigen Zeit mehr als je zuvor jeder Einzelne von uns des «heilenden Geistes» bedarf.

Die Entfremdung von der geistigen Heimat wird begleitet von einer wachsenden Abhängigkeit von Technologie, die sich mit beängstigender Geschwindigkeit fortentwickelt und uns heute mit einer erdrückenden Verantwortung gegenüber dem Planeten Erde konfrontiert. Camphill nimmt Anteil am Leiden der Menschheit als Ganzes. Offen zu sein für die Erfordernisse der Gegenwart und dies in entsprechende Taten umzusetzen, bedarf der unaufhörlichen Bemühung aller derjenigen, die die von Karl König entzündete Fackel weiter tragen wollen.

Rudolf Steiner

Aus der esoterischen Stunde vom 3. März 1906

Wer im theosophischen Sinne Esoteriker werden will, der muss sein Gedankenleben dahin schulen, dass jeder Gedanke ausreichend durchdacht wird. Das kurze, zu kurze Denken ist ein Merkmal des Menschen, der Materialist ist. Der theosophische Esoteriker darf in dies bequeme Denken nicht verfallen.

Nehmt den Gedanken der Sozialdemokratie: Ändert die Verhältnisse, und der Mensch wird in seinen sozialen Arbeits- und Lebensbedingungen sich verbessern. – Ein Glaube des Materialismus, kurz und betörend. Dieser Glaube ist im höchsten Grade lähmend für jede Betrachtung des [wirklichen] sozialen Lebens.

Wie kann nun ein Theosoph aus diesem materialistischen Glauben sich befreien, dass die Existenz, ja sogar die Moral sich verbessern würde, wenn man nur die äußeren Verhältnisse verbessern würde?

Beginnen wir mit dem Nachdenken darüber, dass doch jede Veränderung durch Menschen zu geschehen hat und dass demnach jeder Zustand, der herbeigeführt wird für die soziale Ordnung, aus Menschengedanken und Menschenempfindungen erfolgt. Hat man diesen Gedanken fest in der Hand, so kann man sich mit ihm aus der materialistischen Anschauung, alles werde durch die äußeren Verhältnisse herbeigeführt, lösen.

Ihr müsst zum Erleben solcher Tatsachen kommen. Ihr müsst auch erleben, wie lähmend der Glaube wirkt, der Mensch sei ein Produkt der äußeren Verhältnisse.

Der nächste Schritt ist so auszuführen, dass der angehende Esoteriker die Beweise sich sammelt, wie durch die Herbeiführung der besseren äußeren Verhältnisse keine Weltverbesserung eintritt. Man braucht nicht weit zu gehen, um genügend Anschauungsmaterial zu bekommen, da die Weltverbesserer es überall in die Welt schreien, dass man nur die äußeren Verhältnisse zu ändern brauche. Nicht so leicht ist es, die Gedanken dieser

Weltverbesserer zu verfolgen und sich nicht ablähmen zu lassen. – Viele Menschen denken also nach, und aus ihrem Denken und Fühlen werden sie zu Weltverbesserern. Nun ist man reif, weiter zu denken.

Der folgende Gedanke ist dieser:

Ist es egal, ob ein guter Mensch oder ein böser Mensch über die Weltverbesserung denkt und fühlt?

Die Theosophie sagt uns, dass die soziale Ordnung von Menschen geschaffen wird und dass sie die Folge von Menschengedanken und Menschenempfindungen ist.

Also sind die Menschengedanken und die Menschenempfindungen zu kultivieren, nicht die soziale Ordnung zu verändern.

Was wird ein echter Sozialdemokrat tun, wenn er etwas ändern will? Er wird die Gesetze ändern, damit die unerfahrenen Menschen nicht ausgeliefert sind diesen oder jenen Menschen.

Prüft das in jedem Einzelfalle nach, wie ein Gesetz zustande kommt. Der Sozialdemokrat will nicht die Menschheit belehren, d. h. ihre Gedanken reinigen, kultivieren, ihre Gefühle veredeln, um eine erfahrene Menschheit zu schaffen, die selbstbestimmend ist für ihre Taten.

Der Esoteriker fragt: Woher kommt dieser Zustand, der veränderungswürdig ist? Und wenn der Zustand nicht von der Natur verhängt ist, so erkennt er, dass der Zustand durch die Gedanken und Willensimpulse herbeigeführt wurde von den Menschen, die vor ihm gelebt haben. Die Verhältnisse sind also so, wie sie jetzt sind, weil Menschen mit ihren ungenügenden Gedanken und ungenügenden Empfindungen sie so gemacht haben.

Wenn der Sozialdemokrat als radikalster Sozialtheoretiker neue Verhältnisse schaffen will, so werden diese Verhältnisse genauso ungenügend sein wie die bisherigen, weil er nämlich aus denselben ungenügenden Gedanken und ungenügenden Empfindungen schöpft wie die, die vor ihm diesen Zustand herbeigeführt haben.

Was will also Geisteswissenschaft? Sie will eine mächtige Erziehung unserer innersten Seelenkräfte bewirken, damit aus anderen Gedanken und anderen Empfindungen heraus das soziale Leben sich gestaltet. Das heißt gar nichts anderes als: Die Geisteswissenschaft hat kein Patentrezept, wie dies oder jenes auf diesem oder jenem Posten gemacht werden soll; sie schreibt niemandem sein Urteil vor, sondern sie hat das unbedingte Vertrauen, dass jeder selbst zu einem richtigen Urteil kommt, wenn er durchdrungen ist von den Grundwahrheiten.

Und ich werde Euch einen solchen Satz aus den Grundwahrheiten hinschreiben:

Not, Elend und Leid sind nichts anderes als eine Folge des Egoismus.

Dies ist wie ein Naturgesetz aufzufassen. Aber dieser Satz ist nicht so aufzufassen, dass es etwa bei einem einzelnen Menschen eintreten müsse. Es kann an ganz anderen Orten zur Erscheinung kommen.

Auch hier kommt es darauf an, nicht kurz zu denken, sondern weit im Umkreis um einen solchen Satz herumzugehen.

Ich habe öffentlich bereits gesagt. Der Mensch lebt bereits unter dem Prinzip des Egoismus, sobald er dem Prinzip lebt: Ich muss persönlich entlohnt werden; das, was ich arbeite, muss mir bezahlt werden. Oder versteckter Egoismus: ihr müsst persönlich entlohnt werden, denn das, was ihr arbeitet, das muss euch auch bezahlt werden.

Der Esoteriker muss sich nun Gedanken machen, ob denn die Arbeit das wirklich Lebenerhaltende ist. Arbeit als solche hat gar keine Bedeutung, wenn sie nicht «weise» geleitet wird! Nur durch von Menschen hineingelegte Weisheit ist dasjenige hervorzubringen und zu schaffen, was dem Menschen dient. Wer dieses nicht versteht und auch nur im Kleinsten dagegen sündigt, sündigt gegen das soziale Denken der heutigen Zeit.

Dieses zu durchdenken in allen seinen möglichen Phasen, das macht das Denken stark. Wer – wie die Sozialdemokraten – darüber nachdenkt, wie man Arbeit schafft, um die Arbeitslosigkeit abzuschaffen, der denkt im höchsten Grade unsozial. Es kommt vielmehr nur darauf an, dass Arbeit nur, ausschließlich, für Menschen verwendet wird, um wertvolles Gut zu schaffen.

Und damit kommt Ihr zu dem uralten Satz jeder Esoterik: In einem sozialen Zusammenleben muss der Antrieb zur Arbeit niemals in der eigenen Persönlichkeit des Menschen liegen, sondern einzig und allein in der Hingabe für das Ganze.

Daraus ergibt sich, dass wahrer sozialer Fortschritt nur möglich ist, wenn ich dasjenige, was ich erarbeite, im Dienste der Gesamtheit tue. Mit anderen Worten: Das, was ich arbeite, darf nicht mir selber dienen.

Von der Anerkenntnis dieses Satzes, dass einer das Erträgnis seiner Arbeit nicht in Form einer persönlichen Entlohnung haben will, hängt allein der soziale Fortschritt ab.

Solange die Sozialdemokratie die Arbeiterschaft zu dem Denken veranlasst: Der Mensch muss den vollen Ertrag seiner Arbeit beanspruchen, so lange wird die Menschheit in üblere und üblere Lagen hineinkommen.

Die Geisteswissenschaft muss das Umgekehrte entwickeln aus dem Denken und Fühlen heraus: Der Mensch darf nichts für sich haben wollen von dem, was er erarbeitet. Der Mensch schuldet der sozialen Gemeinschaft Arbeit. Der Mensch muss umgekehrt seine Existenz einzig und allein auf das beschränken, was ihm die soziale Gemeinschaft schenkt.

Das Gegenstück solchen sozialen Denkens muss nun aber auch genau verfolgt werden. Ihr kennt das Beispiel, dass eine Näherin für billigen Lohn arbeitet und dass die Sozialdemokratie den Arbeitern einredet: Ihr werdet ausgebeutet! Nun geht aber die Näherin hin und kauft sich ein billiges Kleid, um am Sonntag zum Tanzen zu gehen. Sie verlangt nach einem billigen Kleid. Warum ist das Kleid aber billig? Weil eine andere Arbeitskraft ausgebeutet wurde. Wer beutet also schließlich die Arbeitskraft aus? Ganz sicher die Näherin, die zum Tanzen am Sonntag das billige Kleid trägt.

Wer hier klar zu denken vermag, der ist bereits los von dem Unterschied reich und arm, denn dies hat gar nichts mit Reichtum und Armut zu tun.

Es müssen demnach erst die Gründe geschaffen werden, damit in der Zukunft die Menschen recht fleißig und hingebungsvoll arbeiten, ohne an den Eigennutz zu denken.

Stellt Euch vor, jemand würde ein Heilmittel erfinden und würde es sofort patentieren lassen. Was zeigt er damit? Er zeigt, dass er sofort an den Eigennutz denkt und gar nicht durch Liebe zu dieser Schaffung des Heilmittels geführt wurde, dass er gar nicht von der Liebe zur ganzen Menschheit erfüllt ist. Denn wäre ihm die Gesundheit der Menschen am wichtigsten, so würde er froh sein, wenn auch andere das Heilmittel herstellen, um der Menschheit zu dienen. Ja, er würde geradezu darauf brennen, dass bekannt werde, was in dem Heilmittel enthalten ist und wie es hergestellt wird. Und noch etwas anderes würde eintreten: dass er überzeugt wäre, dass jenes Heilmittel von ihm, mit seiner Gesinnung hergestellt, das Bessere sei.

Und hier haben wir einen wichtigen Satz erreicht, der in der Esoterik eine große Rolle spielt:

Es müssen Mittel herbeigeschafft werden, wodurch die Seele veredelt wird.

Wer das Denken anwendet, um einen segensreichen Fortschritt zu erzielen, der muss vor allem die Kraft des Denkens darauf richten, dass die Menschenseelen veredelt werden.

Damit haben wir an den Schluss den Rosenkreuzerspruch zu stellen:

Von der Gewalt, die alle Wesen bindet,
Befreit der Mensch sich, der sich überwindet.

Anmerkungen

GA = Rudolf-Steiner-Gesamtausgabe im Rudolf Steiner Verlag, Dornach

Zum Geleit

1 Rudolf Steiner, Nationalökonomischer Kurs, GA 340, 1979, Seite 46 und 47.
2 Rudolf Steiner, Lucifer-Gnosis, Geisteswissenschaft und Soziale Frage, in GA 34, Lucifer-Gnosis 1987, Seite 213.

Vorwort

1 Siehe dazu Peter Selg, Die Kultur der Selbstlosigkeit, Dornach 2006.
2 Siehe dazu Peter Selg, Geistiger Widerstand und Überwindung, Dornach 2005.
3 Rudolf Steiner, Vortrag vom 26.10.1905 in Berlin, in Beiträge zur Rudolf Steiner-Gesamtausgabe, Heft 88.
4 Peter Roth ‚Aufsatz. «Our Daily Bread», 1988.
5 Rudolf Steiner, Vortrag vom 23.11.1905 in GA 54, Dornach [2]1983.
6 Rudolf Steiner, Geisteswissenschaft und soziale Frage in GA 34, Dornach [2]1987.

Wie können wir das Soziale Hauptgesetz heute verstehen?

1 Rudolf Steiner, Gesammelte Aufsätze zur Kultur- und Zeitgeschichte. 1887–1901, GA 31, Dornach 1989, Seite 138 f.
2 Rudolf Steiner, GA 31, Seite 256.
3 Rudolf Steiner / Marie Steiner-von Sivers, Briefwechsel und Dokumente 1901–1925, GA 262, Dornach, Brief vom 19. 1. 1905, Seite 49.
4 Rudolf Steiner, Theosophie. Einführung in übersinnliche Welterkenntnis und Menschenbestimmung, GA 9, Dornach 2002.
5 Rudolf Steiner, Mein Lebensgang, GA 28, Dornach 2000, Seite 392.
6 Rudolf Steiner, Lucifer-Gnosis. Grundlegende Aufsätze zur Anthroposophie und Berichte aus den Zeitschriften ‹Luzifer› und ‹Lucifer-Gnosis› (1903–1908), GA 34, Dornach 1987, Seite 430 ff.
7 Rudolf Steiner, Wie erlangt man Erkenntnisse der höheren Welten? GA 10, Dornach 1993, Seite 214 (Hervorhebungen UR).
8 Rudolf Steiner, a. a. O., GA 34, Seite 191.
9 Rudolf Steiner, a. a. O., GA 34, Seite 193 (Hervorhebungen UR).
10 Rudolf Steiner in einem Vortrag, Berlin, 12. Oktober 1905, Unsere Weltlage, Krieg, Frieden und die Wissenschaft des Geistes, GA 54, Seite 35.

11 Rudolf Steiner, a. a. O., GA 34, Seite 194.
12 Ebenda, Seite 195.
13 Vergleiche die «Notstandsgesetze» in der Bundesrepublik Deutschland 1968.
14 In meiner Studentenzeit erzählte man sich die Geschichte: Eine Professorenfrau beschwerte sich bei einer anderen: «Ich verstehe diese jungen Leute nicht mehr. Seit über 30 Jahren liest mein Mann in seinen Vorlesungen aus denselben Manuskripten vor und jetzt werden die jungen Leute auf einmal aufmüpfig!»
15 Rudolf Steiner, a. a. O., GA 34, Seite 196.
16 Ebenda, Seite 206.
17 Vgl. die Bücher von Vance Packard, Die geheimen Verführer – Der Griff nach dem Unbewussten in jedermann, Frankfurt 1971; Die große Verschwendung, z. B. München 1970) und viele andere über die Manipulationstechniken der Werbung.
18 Adam Smith, Theorie der ethischen Gefühle (The Theory of Moral Sentiments), Glasgow 1759.
19 Adam Smith, Der Wohlstand der Nationen, Buch 1, Kap. 2.
20 Rudolf Steiner, a. a. O., GA 34, Seite 213.
21 In diesem Punkt stimmen wir ganz mit Adam Smith überein, wenn er formuliert: 'Consumption is the sole end and purpose of all production'. The wealth of Nations, London 1776.
22 Rudolf Steiner, Die Kernpunkte der Sozialen Frage, GA 23, Dornach 1976, Seite 130.
23 Rudolf Steiner, a. a. O., GA 32, Seite 213.
24 Ebenda (Hervorhebungen UR).
25 Walter Kugler in: Das Soziale Hauptgesetz: Beiträge zum Verhältnis von Arbeit und Einkommen, hrsg. von Stefan Leber, Stuttgart 1986, Seite 65 ff.
26 Rudolf Steiner, a. a. O., GA 34, Seite 216.
27 Ebenda, Seite 215.
28 Ebenda, Seite 217.
29 Ebenda, Seite 218.
30 Ebenda, Seite 219.
31 Ebenda, Seite 221.
32 Rudolf Steiner, Vortrag vom 26. 07. 1922, in Nationalökonomischer Kurs, GA 340, Dornach 2003.
33 Rudolf Steiner, Vortrag vom 14. 04. 1919, in Vergangenheits- und Zukunftsimpulse im sozialen Geschehen, GA 190, Dornach 1980.
34 Rudolf Steiner, Der Goetheanismus, ein Umwandlungsimpuls und Auferstehungsgedanke – Menschenwissenschaft und Sozialwissenschaft, GA 188, Seite 229, Dornach 1982.
35 Rudolf Steiner, Vortrag vom 21.02.1912, in Wiederverkörperung und Karma und ihre Bedeutung für die Kultur der Gegenwart, GA 135, Dornach 1989, Seite 88.
36 Rudolf Steiner, a. a. O., GA 34, Seite 217.

37 Vgl. Hans-Peter Martin und Harald Schumann, Die Globalisierungsfalle, Kapitel: Die 20:80-Gesellschaft, Reinbek 1997.
38 Rudolf Steiner, in: Der Goetheanumgedanke inmitten der Kulturkrisis der Gegenwart, GA 36, Dornach 1961, Seite 33.
39 Otto Schily, Flora, Fauna und Finanzen. Hamburg 1994, Seite 222.
40 Joschka Fischer, Für einen neuen Gesellschaftsvertrag, Köln 1998, Seite 269.
41 Joschka Fischer, Eine politische Antwort auf die globale Revolution: Liberté, Egalité, Fraternité oder Der neue Gesellschaftsvertrag, Köln 1998, Seite 270.
42 Rudolf Steiner, Die Kardinalfrage des Wirtschaftslebens, Vortrag, Oslo, 30. November 1921, in: Die Wirklichkeit der Höheren Welten, GA 79, Seite 241.
43 Wilhelm Schmundt, Der soziale Organismus und das Soziale Hauptgesetz, in: Stefan Leber a. a. O., Seite 54 ff.

Die Begegnung von Ich mit Ich

1 Vortrag an der Tagung der Camphill Region Mitteleuropa, 2003, Humanus-Haus, Breitenwill/Schweiz.
2 GA 194.
3 GA 329.
4 Im Vortrag vom 9. April 1919, in GA 329.
5 Im Aufsatz «Freiheit und Gesellschaft», in GA 31.
6 In GA 260.
7 Siehe Hans Müller-Wiedemann, Karl König. Stuttgart 1992, Seite 476 ff.
8 3 Aufsätze 1906, in GA 34.
9 «Perspektiven der Menschheitsentwicklung», Vortrag vom 13. 5. 1921,GA 204.
10 Z. B. «Die Apokalypse des Johannes», Vortrag vom 29. 6. 1908.

The inner legacy of anthroposophy at the turning point of the millennium

1 Certainly one can imagine that the Fundamental Social Law which is mentioned in such a special way in the Esoteric lesson of 1906 would have experienced a new phase with the intended further development of the School of Spiritual Science to a second and third level.
2 Lecture of 3. 3.1906, Complete Edition (GA) 266/I.
3 Lecture of 4. 4.1916, GA 167.
4 GA 346.
5 This is still not published in the Complete Edition.
6 Lecture of 16.10.1905.
7 Rudolf Steiner, 23. 9. 1915 (Thomas Meyer Hg., Helmuth von Moltke, Band 2).
8 In this connection, the study of the lectures following the first public talk about the Fundamental Social Law at the end of October 1905 reveals some amazing facts. Rudolf Steiner spoke about the generation of life forces and the development of the Buddhi. The Fundamental Social Law seems to me to be the precondition for the new mysteries of the will leading to the development of new life forces.

9 However, in the English translation of the law, the sequence is reversed to 'In a community of human beings working together, the well being of the community …' which dilutes the point.

Das Soziale Hauptgesetz als sozialgestaltendes Prinzip

1 Beiträge zur Rudolf Steiner Gesamtausgabe, Heft 88, Johanni 1985.
2 GA 34, 3 Aufsätze: Geisteswissenschaft und soziale Frage.
3 Notiz Rudolf Steiners vom 23. 9. 1915, in Thomas Meyer, Helmuth von Moltke, Band 2.
4 GA 135, Wiederverkörperung und Karma.
5 GA 200, Die neue Geistigkeit.
6 Beiträge zur Rudolf Steiner Gesamtausgabe, Heft 88, Johanni 1985.
7 GA 172, Vortrag vom 12. 11. 1916.

The Fundamental Social Law – Background and Reality

1 Spiritual Sience and the Social Ouestion. 3 Essays 1905–1906.
2 The Camphill Movement – Two Essays.
3 Die Soziale Frage und die Theosophie, Vortrag vom 26. Oktober 1905.
4 Lectures between August 6th and September 18th 1920, in GA 199.
5 GA 31.

Zum Motto der Sozialethik

1 Jetzt in GA 24, Aufsätze über die Dreigliederung des sozialen Organismus und zur Zeitlage 1915–1921.
2 GA 21, Von Seelenrätseln.
3 GA 102, Vortrag vom 1. 6. 1908. Ein Teil der oben gemeinten Ausführung sei hier im Wortlaut Rudolf Steiners wiedergegeben:
Heute stehen wir an einem Übergang, und nach und nach wird das, was Rasse ist, ganz verschwinden, und etwas ganz anderes an die Stelle treten. Die Menschen, welche die geistige Wahrheit, wie es charakterisiert worden ist, wieder erfassen, werden durch freien Willen zusammengeführt werden. Das sind die Zusammenhänge der späteren Zeit. Die Zusammenhänge der früheren Zeit sind so, dass der Mensch in sie hineingeboren wird. In sein Volk, in seine Rasse wird der Mensch hineingeboren. Später werden wir in Zusammenhängen leben, die die Menschen selber machen, indem sie sich nach Gesichtspunkten gruppieren, wo sie unter völliger Wahrung ihrer Freiheit und ihrer Individualität Zusammenhänge bilden … Der emanzipierte Mensch hat seine individuelle Seele; die geht niemals wieder verloren, wenn sie einmal errungen ist. Aber dadurch, dass die Menschen sich in freiwilligen Zusammenhängen zusammenfinden, gruppieren sie sich um Mittelpunkte herum. Die Gefühle, die so einem Mittelpunkt zusammenströmen, geben nun wiederum Wesenheiten Veranlassung, wie eine Art von Gruppenseele zu wirken, aber in einem ganz anderen Sinne als die alten Gruppenseelen. Alle

früheren Gruppenseelen waren Wesenheiten, die den Menschen unfrei machten. Diese neuen Wesenheiten aber sind vereinbar mit der völligen Freiheit und Aufrechterhaltung der Individualität der Menschen. Ja, wir dürfen sagen, sie fristen in einer gewissen Beziehung ihr Dasein von der menschlichen Einigkeit; und es wird in den Seelen der Menschen selbst liegen, ob sie möglichst vielen solcher höheren Seelen Gelegenheit geben, herunterzusteigen zu den Menschen, oder ob sie es nicht tun. Je mehr sich die Menschen zersplittern werden, desto weniger erhabene Seelen werden heruntersteigen in das Gebiet der Menschen. Je mehr Zusammenhänge gebildet werden, und je mehr da Gemeinschaftsgefühle bei völliger Freiheit ausgebildet werden, desto mehr erhabene Wesenheiten werden zu den Menschen heruntersteigen und desto schneller wird der Erdenplanet vergeistigt werden.

Im gleichen Jahr machte Rudolf Steiner ähnliche Aussagen im öffentlichen Vortrag vom 17. 6. 1908 in Nürnberg (GA 104, Die Apokalypse des Johannes), in dem er auch über Kaspar Hauser spricht.

4 Vortrag Bern vom 6. 11. 1919, in GA 329.

5 Wochenschrift «Das Goetheanum», Nr. 43, 27. 10. 1991.

6 Rudolf Steiner, Credo. Der Einzelne und das All, in Wahrspruchworte, GA 40.

7 Rudolf Steiner, Goethes Geistesart in ihrer Offenbarung … durch das Märchen …, in GA 22.

8 Rudolf Steiner, Vortrag Bern vom 11. 12. 1918, in GA 186.

9 Rudolf Steiner / Edith Maryon, Briefwechsel, GA 263/1.

The Meaning of Work

1 For this Conference a booklet was also published 1973 in Föhrenbühl: «Gedanken zum Seelenkalender Rudolf Steiners». Karl König's drawings were published in two folders: «52 farbige Zeichnungen zum Seelenkalender Rudolf Steiners» und «13 Zeichnungen – die Metamorphose des Kreuzes – anhand von Rudolf Steiners Seelenkalender». Mit Textbeilagen in 8 Sprachen: Privatdruck der Dorfgemeinschaft Lehenhof.

Egoismus und soziale Zukunft

1 Rudolf Steiners Vortrag vom 30. 3. 1905, Die Zukunft des Menschen, in GA 53, Ursprung und Ziel des Menschen.

2 Rudolf Steiners Vortrag vom 12. 6. 1907, Die drei Aspekte des Persönlichen, in GA 96, Ursprungsimpulse der Geisteswissenschaft.

3 Karl König, Die Camphill-Bewegung.

4 Rudolf Steiners Vortrag vom 1. 6. 1905, «Die großen Eingeweihten».

5 Rudolf Steiners Vortrag vom 16. 4. 1924, in GA 240, Esoterische Betrachtungen karmischer Zusammenhänge, Band 6.

6 Rudolf Steiners «Motto der Sozialethik», in GA 40, Wahrspruchworte.

7 Rudolf Steiner in Berlin am Michaelitag 1900.